12

Ana de

Madrid, Febrero 2007

Ana

IMPROMPTUS

PAIDÓS CONTEXTOS

Últimos títulos publicados:

ANDRÉ COMTE-SPONVILLE

IMPROMPTUS

Entre la pasión y la reflexión

PAIDÓS

Barcelona • Buenos Aires • México

Título original: *Impromptus*
Publicado en francés, en 1996, por Presses Universitaires de France, París

Traducción de Óscar Luis Molina S.

Cubierta de Mario Eskenazi

Traducción anteriormente publicada, en 1999, por Editorial Andrés Bello, Santiago de Chile

© 1996 Presses Universitaires de France
© de la traducción, Óscar Luis Molina S.
© 2005 de todas las ediciones en castellano,
   Ediciones Paidós Ibérica, S.A.,
   Mariano Cubí, 92 - 08021 Barcelona
   http://www.paidos.com

ISBN: 84-493-1825-4
Depósito legal: B. 44.220/2005

Impreso en A & M Gràfic, S.L.,
08130 Santa Perpètua de Mogoda (Barcelona)

Impreso en España - Printed in Spain

a Sylvie Thybert-Detallante

Sumario

Prólogo

A nadie, salvo a los que gozarán con esto.

SCHUBERT
(dedicatoria de su último trío)

Esta compilación debe mucho a Schubert: su título, una parte de su contenido, quizás incluso su existencia.

Está en deuda también con Montaigne, y este encuentro, que no era previsible, dice sin duda lo esencial.

Si no hubiera descubierto a Schubert, hacia los 23 años, si él no me hubiera cambiado la vida, que mucha necesidad tenía de ello, si no me hubiera cambiado a mí mismo, y si además no hubiera leído a Montaigne algunos años después, si él no me hubiera cambiado el pensamiento, los gustos, los proyectos, ¿me habría atrevido alguna vez, habría sabido escribir estos pequeños fragmentos de prosa sin pretensiones o sin otra pretensión de parte del autor que escribir lo más cerca de sí mismo, como componía Schubert, como escribía Montaigne, lo más cerca posible de la vida real, con sus angustias, sus incertidumbres, sus más o sus menos, lo más cerca de su esencial fragilidad, su esencial finitud, su esencial y definitiva improvisación?

¿Qué es un impromptu? Una pieza pequeña, con más frecuencia de teatro o de música, compuesta, como dice el Littré, «sobre la marcha y sin preparación». Esto corresponde exactamente a la primera versión de los doce artículos que siguen, tal cual fueron escritos, siempre a pedido, para tal o cual revista o publicación. No me he negado a retomarlos sin embargo, a corregirlos, a veces a ampliarlos, pero siempre con la idea de permanecer fiel al primer impulso, a la invención del momento, como hacía Schubert, como hacía Montaigne, entre pensamiento y confidencia, entre emoción y reflexión...

¿Es esto filosofía? ¿Literatura? No lo sé ni me importa: dejo el asunto a los que todavía se interesan por ello. Montaigne me liberó de esas etiquetas, de esa manía clasificatoria. Liberará a otros. Sin querer imitarlo, he intentado seguirlo, a mi modo, incluso desde lejos, incluso mal. ¿Ensayos? Es la palabra que mejor les convendría, si el ejemplo de Montaigne no fuera tan aplastante y si la palabra no hubiera cambiado un poco de significación con el curso de los siglos. El término *Impromptus* expresa mejor lo que estas palabras tienen de frágil, de provisorio, de casi improvisado... Se me objetará que la referencia a Schubert también es aplastante, y se tendrá razón. Pero no soy músico y esto torna más leve la confrontación.

El título se justifica, en fin, por cierto clima interior que me hace pensar en Schubert o que creo hallar en él, una especie de melancolía que aflora en estos textos y que conozco bien. ¡Cómo regresa la pena cuando el pensamiento se relaja! Hay que aceptarlo también. ¿Qué valdría un gozo que sólo fuera de tensión, de esfuerzo, de mando? Allí fracasa, quizás, el estoicismo, o toca su propio límite. ¿Y qué valdría un pensamiento que estu-

viera separado de la vida, alegre o triste, que lo motiva
o que lo supera? Aquí se extravía la filosofía, con bastante frecuencia, y esto la vuelve a veces fastidiosa. He
querido intentar otra cosa: Schubert me importa más
que Epicteto; Montaigne más que mis colegas.

En suma, éste es sólo un libro sin importancia, que
se ama o se deja. Adiós, pues, lector, y que la vida te sea
suave.

CAPÍTULO
1

¡Buenos días, angustia!

El miedo es sin duda el primer sentimiento, por lo menos *ex utero*: ¿qué más angustioso que nacer? Y suele suceder que sea el último: ¿qué más angustioso que morir?

Eso es: nacemos en la angustia, morimos en la angustia. Entre ambos momentos, el miedo apenas nos deja. ¿Qué más angustioso que vivir? Pues la muerte siempre es posible, el dolor siempre es posible. Y a esto se llama un ser vivo: un poco de carne ofrecida a la mordedura de lo real. Un poco de carne o de alma expuestas allí, a la espera de no se sabe qué. Sin defensas. Sin auxilios. Sin apelación posible. ¿Qué es la angustia sino ese sentimiento en nosotros, equivocado o no, de la posibilidad de lo peor?

Un sentimiento es irrefutable, y éste más que los otros. ¿Quién puede negar, en efecto, que lo peor sea posible, siempre posible? Algunos parecen distantes de la angustia sólo por la pobreza de su imaginación, como si fueran demasiado imbéciles o demasiado inteligentes para tener miedo. A veces los envidio, pero sin motivo. La angustia es parte de nuestra vida. Nos abre a lo real, al porvenir, a la indistinta posibilidad de todo. Que haya que liberarse de ella, ella misma lo indica de manera suficiente por la incomodidad. Pero no demasiado rápido ni a cualquier precio. El miedo es una función vital —una ventaja selectiva evidente—, y no sabríamos vivir mucho tiempo sin él. La angustia sólo es su extremo más fino, más sensible, más refinado... ¿Demasiado? ¿Quién puede decidirlo? ¿Qué sería el hombre sin angustia? ¿El arte, sin angustia? ¿El pensamiento, sin angustia? Pues la vida o se toma o se deja y esto también nos lo recuerda dolorosamente la angustia. Que no hay vida sin riesgo. Ni vida sin dolor. Ni vida sin muerte. La angustia señala nuestra impotencia, en ello es veraz y definitivamente. Nuestros pequeños gurúes me dan risa; quieren protegernos de ella. O nuestros pequeños psicólogos, que nos quieren curar de ella. ¿Acaso nos curan de la muerte? ¿Nos protegen acaso contra la vida? No se trata de evitar, se trata de aceptar. No de curar, sino de atravesar. El universo no nos ha prometido nada, decía Alain. ¿Y hay otra cosa que el universo? ¿Cómo seríamos los más fuertes? Todo nos amenaza, todo nos hiere, todo nos mata. ¿Qué más natural que la angustia? Los animales sólo están protegidos, si lo están, por una atención más estrecha al presente. Pero ¿y nosotros, que nos sabemos mortales? ¿Que sólo amamos aquello, ay, que va a morir? ¿Qué más humano que la angustia? La muerte nos libera de ella, por cierto, pero sin refutarla. Algunas drogas la cuidan, pero no la desmienten. Verdad de la angustia: somos débiles en el mundo y mortales en la vida. Estamos expuestos a todos los vientos, a todos los riesgos, a todos los miedos. Un cuerpo para las heridas o las enfermedades, un alma para las penas, y uno y otra sólo prometidos a la muerte... Por menos se estaría angustiado.

Sólo me he referido de paso a la diferencia entre miedo y angustia y nada he dicho de la ansiedad. Estas sutilezas terminológicas apenas me interesan. ¿Por qué va a tener razón la lengua? El cuerpo sabe más. La vida sabe más. Se suele distinguir el miedo, que supondría un peligro real, de la angustia, que sólo se referiría a peligros imaginarios, que incluso carecería de objeto. Y sin duda no es lo mismo temer a un perro real que te amenaza que a un no sé qué que te oprime. ¿Es tan simple sin embargo? El niño que teme a la oscuridad, como dicen, ¿teme algo preciso? ¿Real? ¿Imaginario? ¿Teme a fantasmas, a ladrones, a la muerte? ¿Teme a nada? ¿A todo? Esto depende, por cierto, de los niños y de los momentos. Pero hay miedo, cada uno lo sabe muy bien y lo dice. ¿Cambiará acaso de naturaleza su miedo porque se lo bautice ansiedad, angustia o fobia? «Cualquiera que sea la variedad de hierbas que allí haya —decía Montaigne—, todo se envuelve bajo el nombre de ensalada.» De modo parecido, cualquiera sea la variedad de miedos, todos caben en el nombre de angustia o de ansiedad. Sólo son palabras y jamás tendremos suficientes para nombrar lo infinito de lo real o de nuestros pavores. Los especialistas necesitan estas categorías, por supuesto. Pero no la angustia. Pero no el miedo. ¿Un objeto? ¿Ningún objeto? ¿Quién puede saberlo cuando tiene miedo? Caminas solo, de noche, por una calle desierta en un barrio desolado... O bien en un bosque, y la noche nunca es tan negra como en los bosques...

¿Tienes miedo *de que haya alguien o de que nada haya?*
Tienes ambos miedos, sin duda, de manera indisocia-
ble. Y también de otra cosa, que ya te espantaba de
niño: quizá los fantasmas, o los ladrones, o la oscuridad, o la locura de una madre, o tu locura... Y saber si
el objeto es real o fantasmático... ¿Quién puede estar
seguro de que los fantasmas no existen? ¿Y qué le importa, si de todos modos los teme? El miedo construye
un real suficiente: los fantasmas son parte del mundo y
hay que defenderse también de lo que no existe. ¿Qué
más real que la muerte? ¿Y qué más imaginario sin embargo? ¿Es un objeto posible? Quizá no, pero qué más
pavoroso como nada necesaria... ¿Miedo? ¿Angustia?
¿Ansiedad? No por ello dejamos de morir. La vida es
demasiado breve para contentarse con palabras. Y demasiado difícil, no obstante, para prescindir de ellas.

Me ha ocurrido, porque me lo preguntaban, distinguir el miedo, ante un peligro real, de la ansiedad, que
sólo se referiría a peligros posibles, y de la angustia,
que atañería a un peligro necesario. Con ello no sólo
quería considerar una especie de gradualidad (la ansiedad es menor que el miedo, me parece, y menor también que la angustia), sino especialmente lo que hay de
ineluctable en el sentimiento mismo de la angustia, o
más bien en el sentimiento que entrega de lo ineluctable, como de un peligro que no se podrá evitar ni superar, como de una muerte segura, lo que, en efecto, es, y
cercana, lo que no siempre es así... La angustia es un temor imaginario y necesario, sin objeto real, sin salida
posible. Por eso nos aferra y nos carcome. ¿Cómo se la
podría vencer si nada hay que enfrentar?

Sé muy bien que aquí habría que distinguir entre la
crisis de angustia, con sus manifestaciones somáticas tan

espectaculares, y la angustia existencial, que no suele tener esas manifestaciones. Pero no es indiferente el que se utilice la misma palabra ni que la idea de la muerte, para describir a la una y a la otra, intervenga espontáneamente. «*Doctor, ella dice que va a morir.*» Éste fue el título de un largo artículo que un semanario dedicó hace algunos meses a las crisis de angustia y a su tratamiento de urgencia en la región de París. Y uno puede imaginar al pobre compañero que, desorientado, le acaricia la mano, o a la compungida colega que sólo sabe repetir, a la espera del médico, para tranquilizarla o para tranquilizarse a sí misma: «*Pero no, pero no, si no vas a morir...*». No obstante, sí, ella va a morir, pero no enseguida. Sólo está enferma por anticipar, por tener razón, como se dice, demasiado pronto. Pero ¿qué cambia esto en realidad? La angustia se equivoca en el plazo, sin duda, pero ¿se equivoca acerca de la muerte? Parece un cortocircuito del tiempo. Un atajo insoportable hacia lo esencial. Uno piensa en Pascal, y es verdad que la angustia le da la razón, o que él da razón a la angustia. Recordemos: «*Imaginemos una cantidad de hombres encadenados, condenados a muerte, y que todos los días degüellan a uno de ellos delante de los demás; los que quedan ven su propia condición en la de sus semejantes, y, mirándose dolorosamente unos a otros, sin esperanza, esperan su turno. Ésta es la imagen de la condición de los hombres*». ¿Cómo no van a estar angustiados? Ante lo cual cada uno se las arregla como puede. «*Para estar bien haría falta que fuera inmortal; como no puede, se las arregla para no pensar en ello...*» Angustia o diversión. No nos apresuremos a decir que la salud pertenece exclusivamente a este caso, ni que aquél, en consecuencia, siempre será patológico. La salud mental no se debería medir sólo según el bienestar. ¿Quién consideraría patológica la angustia del portador de sida, la angustia del condenado a muerte, la angustia de la madre cuyo hijo está enfermo? ¿Y quién no ve que la nuestra se le parece en algo? ¿Quién de nosotros escapará a la muerte? ¿Y cuál de nuestros hijos? ¿Qué pueden los ansiolíticos contra una idea verdadera? Lo que no impide que se los utilice, cuando hace falta, cuando la vida, de otro modo, resultaría insoportable o atroz. Pero ¿son siempre necesarios? ¿Acaso no se paga un precio demasiado caro, con frecuencia, suprimiendo el dolor —por medicación o diversión— si se pierden coraje y lucidez? ¿Se desea la salud o la comodidad? ¿La capacidad de enfrentar lo real o la posibilidad de eludirlo?

Que no se me entienda mal: sé que existen ansiedades patológicas que merecen tratamiento. Las conozco de muy cerca. Aún recuerdo a Althusser, en su clínica, casi incapaz de hablar, de comer, de defecar (con todo el cuerpo anudado por la angustia, me explicaba), suplicando a las enfermeras que le aumentaran la dosis de ansiolíticos... Y después hay otros recuerdos, más cercanos, de los que no voy a hablar. Los progresos de la quimioterapia, en materia psiquiátrica y también, aunque menos espectaculares, los de las psicoterapias, forman parte de las buenas noticias de estos tiempos y sería un error menospreciarlos. Allí hay demasiado sufrimiento en juego para los enfermos y sus prójimos. Demasiado dolor. Demasiada impotencia. Uno de mis amigos, por ejemplo, contándome de sus crisis de angustia y depresión, me habla de ese nuevo medicamento que nos llega de Estados Unidos y que sin duda le ha salvado la vida, dice, y sin efectos secundarios detecta-

bles... Habría que ser muy torpe o insensible para ignorar todo esto. ¿Quién no prefiere los neurolépticos a la
camisa de fuerza, los antidepresivos al electrochoque,
los ansiolíticos al internamiento? Advierto que hay gente
que se molesta, aquí y allá, porque muchos de nuestros
contemporáneos consumen psicotrópicos. Pero ¿dónde está el mal, si viven mejor? ¿Pero es éste el caso? Lo
deben averiguar con sus médicos y nadie puede decidir
en lugar de ellos mismos. El dolor manda. El horror
manda. Cada uno resiste como puede. ¿Es culpa nuestra si ya no tenemos fe?

No olvidemos, sin embargo, que la medicina sólo
vale para los enfermos, que no puede considerarse tal a
todo individuo que teme morir, sufrir o no ser amado.
¿Dónde está el síntoma? ¿Dónde la patología? Va a sufrir, en efecto, y va a morir y evidentemente nunca lo
amarán como habría deseado. ¿Y entonces? Le queda
enfrentar eso, aceptar eso, superar eso, si puede; no
huir. ¿Sufre? Pero ¿dónde se ha visto que todo sufrimiento sea patológico? ¿Que todo dolor sea nefasto?
Lo es si impide vivir o actuar. Pero ¿si ayuda a todo
ello? ¿Si a ello empuja? ¿Si es factor de rebelión o de
combate? ¿Va a renunciar a pensar porque eso angustia, a vivir porque da miedo, a amar porque da dolor?
Aceptemos mejor, cuanto podamos, y podemos a pesar de todo, por lo menos un poco, por lo menos a veces, y esto es precisamente señal de salud, aceptemos
sufrir y temblar. ¿Quién no teme por sus hijos, pero no
por ello va corriendo al psiquiatra? ¿Quién no teme a
la enfermedad, a la vejez, a la soledad? La vida está hecha de tal modo que sólo se puede escapar a uno de sus
males (por ejemplo, a la vejez) cayendo en otro (por
ejemplo, una muerte prematura). Por esta razón, ade

más, la vida es a veces más fácil, a pesar de todo, que la imagen que nos hacemos de ella: porque las angustias se suman casi siempre (tememos al mismo tiempo la vejez y la muerte prematura), mientras que los males, a veces y necesariamente, se restan. Se teme mil muertes y sólo se vive una... Toda angustia es imaginaria; lo real es su antídoto.

Pero no es menos cierto que la vida es insatisfactoria, por lo menos en cuanto se espera otra cosa («La angustia está relacionada incuestionablemente con la espera», escribió Freud), y la angustia acompaña siempre nuestros sueños, o los precede. Yo creo que el miedo es primero y que únicamente se espera fundado en una nostalgia o en un miedo (en una nostalgia y un miedo) anteriores. Lo que se espera es lo que se ha perdido quizá definitivamente o que se teme perder. La angustia y la esperanza van siempre juntas. «No hay esperanza sin temor —decía Spinoza—, ni temor sin esperanza.» Sólo se espera lo que no se tiene, lo que se ignora, lo que no depende de nosotros: ¿cómo no estar angustiados? ¿Y cómo no esperar si ya se tiene miedo? Quizá se espera liberarse de ello. «Las afecciones de la esperanza y del temor no pueden ser buenas por sí mismas», escribía Spinoza, y todos los esfuerzos de la razón propenden a liberarnos de ellas. De allí viene lo que he llamado desesperanza, que Freud llama trabajo de duelo, y que es la aceptación de la vida tal cual es, difícil y arriesgada, fatigosa, angustiante, incierta... Nada se termina nunca de adquirir, nada se nos promete nunca; sólo la muerte. Tampoco se puede escapar de la angustia, a menos que aceptes eso mismo que ella percibe, que niega, que la enloquece. ¿Qué? La fragilidad de vivir, la certidumbre de morir, el fracaso o el espanto del amor, la soledad, el

vacío, la eterna falta de permanencia de todo... Es la
vida misma y no hay otra. Siempre solitaria. Siempre
mortal. Siempre desgarradora. Y tan frágil, tan débil,
tan expuesta... «Todo contento de los mortales es mortal», decía Montaigne; lo ve muy bien la angustia (por
lo que tiene razón contra la diversión), pero no sabe
aceptar. Valdría más la sabiduría, que sabría decir sí.
Pero ¿quién es capaz? La diversión, en todo caso, no
cabe: no es lo mismo decir sí que hablar de otra cosa...
Ni la salud, que nada dice. ¡Cómo les gustaría hacer de
ello una filosofía! ¡Una sabiduría! ¡Una religión! ¿Contra la enfermedad? La medicina. ¿Contra la angustia?
La medicina. ¿Contra la muerte? La medicina. ¿Y qué
contra la vida? ¿La medicina? Mercado de ilusos... La
vida no es una enfermedad, ni la muerte, ni tampoco la
angustia que inspiran una y otra, por lo menos esta angustia que no impide vivir, que no impide pensar, pero
que por el contrario nace de que se vive y se piensa
como se puede, contra todo riesgo, sin saber (si se supiera vivir y pensar, ¿qué quedaría para pensar y vivir?), sin siquiera poder aprender verdaderamente, o
demasiado tarde para que eso pueda servir mucho
tiempo o cambiar lo esencial. «El tiempo de aprender a
vivir es ya demasiado tarde...» Pero nunca demasiado
tarde para tener miedo, ni demasiado pronto, y esto significa la angustia. Que siempre haya ante uno porvenir para espantarse, siempre demasiado poco para tranquilizar o consolar. Verdad de la angustia: el tiempo es
esta apertura al porvenir o no es nada. Por lo que sólo
hay opción entre angustia y eternidad; o, mejor, no es
una opción, sino los dos polos del vivir. No es seguro
que se excluyan. Todo es eterno, sin duda, porque todo
es presente; pero sólo la muerte es definitiva.

En Oriente se cuenta esta historia, que no sé si es de origen budista o taoísta. Un monje camina por el bosque, pensativo, inquieto. Es un monje común y corriente, no es un sabio ni un liberado vivo: no ha conocido el despertar ni la iluminación. ¿Por qué se inquieta? Porque supo que su maestro —que sí era un sabio, un liberado viviente, uno que había despertado— ha muerto, lo que no es grave, asesinado a golpes de palos por bandoleros, lo que tampoco es tan grave. No hace falta ser sabio para comprender que se debe morir un día u otro y que la causa apenas importa, que sólo es impermanencia y vacuidad. Cualquier monje lo sabe. ¿Por qué entonces esa frente preocupada, esa perplejidad, esa difusa inquietud? Porque un testigo, que presenció la escena, informó a nuestro monje que el sabio, bajo los golpes, había gritado de manera atroz. Y esto tenía trastornado a nuestro monje. ¿Cómo podía gritar atrozmente un liberado viviente, alguien que había despertado, un buda, por algunos golpes de palos impermanentes y hueros? ¿Para qué tanta sabiduría si se iba a gritar como cualquier ignorante? En medio de sus meditaciones, nuestro monje no vio que se acercaban unos bandoleros que lo atacaron de súbito y le quebraron los huesos a golpes. Nuestro monje gritó atrozmente bajo los golpes. Y, gritando, experimentó la iluminación.

¿Y cuál es la lección? Entre otras, ésta: el sufrimiento y la angustia forman parte de lo real. Forman parte de la salvación. Son eternos y verdaderos tanto como lo demás. Y la sabiduría está en la aceptación de lo real, no en su negación. ¿Qué más natural que gritar cuando se sufre? ¿Qué más sabio que aceptar la angustia cuando se experimenta? «Mientras establezcas una diferencia entre el samsâra y el nirvâna —decía Nâgârjuna—, estás en el samsâra.» Mientras establezcas una diferencia entre tu pobre vida y la salvación, estás en tu pobre vida.

No sé si toda angustia es angustia de muerte, como he creído a veces; pero si toda vida es mortal, ¿cómo escapar de la angustia?

Tampoco sé si toda angustia revela la nada, como quería Heidegger, ni sobre qué despegan la contingencia y lo ajeno del ser (¿por qué hay alguna cosa en lugar de nada?) y de nosotros mismos como entes. Pero si todo ser es contingente, ¿cómo escapar de la angustia y la ajenidad?

¿Por qué una cosa en lugar de nada? ¿Por qué esto en lugar de esto otro? ¿Yo en lugar de un otro? ¿Vivir en lugar de morir? ¿Así en lugar de otro modo? Ni siquiera todas las píldoras del mundo, aunque nos puedan hacer olvidar estas preguntas, podrán suprimirlas y menos aún responderlas.

¿Qué es la salud psíquica? Quizá la capacidad de enfrentar lo real y lo verdadero sin perder en ello toda fuerza, toda alegría, toda libertad. Y aquí hay lugar para la angustia y esto distingue la salud de la sabiduría. Pues el sabio («en tanto en cuanto sabio», como dice Spinoza, y por cierto que nadie lo es enteramente), el sabio está libre de angustia, sin duda, pero sólo en tanto en cuanto se ha liberado de sí mismo. Nadie que salvar, la salvación misma. Nada de mí mismo: muerte y angustia no tienen a qué aferrarse. Nirvâna: extinción. Pero sólo hay luz. ¿Morir para sí mismo? Si se quiere. Pero es nacer por fin, vivir por fin, en lugar de fingirlo. El yo sólo es el conjunto de ilusiones que uno se hace acerca de sí mismo. La sabiduría libera de eso, pero sin salvarlo. O lo salva, pero perdiéndolo. Narciso allí no se halla, y por eso tiembla. Hasta la sabiduría le da miedo, pues sólo lo liberaría disipando los espejismos que son él mismo. Es el verdadero precio por pagar, y ninguna droga, ninguna terapia —ni ninguna filosofía— nos lo puede evitar.

Y a nosotros, que no estamos allí, que estamos muy lejos, nos queda aceptar la angustia, habitarla con la mayor serenidad posible. Sólo es una paradoja a medias. ¿Por qué habría que *tener miedo de tener miedo*? Si el sabio es quien ya no tiene angustia, el filósofo quizá sea quien ya no se angustia por tenerla.

¿Qué es la salud psíquica? Es el estado —y esta definición vale por cualquier otra— que hace posible la filosofía, y por lo demás necesaria. Se dirá que hubo filósofos locos. Pero si lo hubieran sido antes no habrían filosofado, y si lo hubieran sido completamente (Nietzsche) habrían dejado de filosofar. El que un filósofo necesite a veces un psiquiatra no dispensa entonces de filosofar a los psiquiatras. La angustia lo recuerda a los unos y a los otros, señalando tanto los límites de la filosofía, cuando es patológica, como de la medicina, cuando no lo es. El que esos límites sean laxos, el que a veces se encabalguen (¿adónde termina lo normal?, ¿dónde comienza lo patológico?) es un hecho evidente que no debería suprimirlos. La angustia existencial no es una enfermedad; la neurosis de angustia no es una filosofía. ¡A trabajar!

CAPÍTULO
2

El dinero

Nos hace falta tan poco para vivir. ¿Cómo es posible que al parecer necesitemos tanto para vivir bien?

Pero ¿tanto de qué? De todo, lo cual no se podría medir sin el dinero. Si la moneda es «el equivalente universal», como decía Marx, lo es porque puede cambiarse por cualquier cosa, en cualquier caso por cualquier mercadería, que de este modo cuantifica su valor. De ello resulta que todo cuanto se puede comprar tiene un precio y que todo cuanto tiene un precio se puede comprar... ¿Cómo no amar el dinero? Habría que no amar nada, pues el dinero conduce a todo.

¿A todo? Por lo menos a todo lo que se puede poseer y no hay duda de que eso no es todo y sin duda que eso no es lo esencial. Pero ¿quién podría prescindir de él? Hay un propietario dormitando en todo hombre y el dinero lo despierta. ¿Vender? ¿Comprar? Se trata siempre de lo mismo, de poseer. El dinero es un instrumento de cambio, pero sólo se puede intercambiar lo que se tiene por lo que no se tiene: el intercambio supone la posesión porque la desplaza. Es decir, le está sometido. Entonces no se ama el intercambio en el dinero, sino la posesión. Lo que ilustra el avaro, a quien basta la posesión. Pero ¿quién va a creer que el comerciante trabaja por amor al comercio o al prójimo? Trabaja para enriquecerse, como todo el mundo: el intercambio propende a la posesión y no la posesión al intercambio.

Pero ¿por qué se quiere poseer? Porque se quiere gozar, porque la posesión es un gozo, a veces, y sobre todo porque todo gozo, o casi todo goce, supone una posesión. Se dirá que los animales la ignoran. No está claro. La ingestión es la primera posesión, el modelo de todas. Y tienen su territorio, su guarida, a veces sus reservas... Pero dejemos a los animales. El hombre quiere poseer porque quiere gozar: quiere poseer porque quiere consumir.

La pasión de poseer no escapa al juego ordinario del deseo. Siempre se trata de gozar lo más que sea posible y de sufrir lo menos que sea posible: el consumo sólo es un suceso, entre otros, del principio de placer. Pequeñas causas, grandes efectos... Las más altas civilizaciones han nacido primero del egoísmo y para el egoísmo. Del deseo y para el goce. Del intercambio y para la posesión. Y para esto también sirve la moneda. Parece conveniente, en los tiempos que corren, releer a veces al viejo Engels: «La baja codicia fue el alma de la civilización, desde el primer día hasta nuestros días, la riqueza, entonces la riqueza y siempre la riqueza, no la riqueza de la sociedad, sino la de ese ruin individuo aislado, su única finalidad determinante». ¿Quién dirá que esto no es menos verdadero hoy o que lo es menos? La «sociedad de consumo», como se decía en la década de 1960, no ha sido superada ni puede serlo, sin duda. Sólo que ha dejado de impactar y cada uno acepta ahora como evidencia, y lo es por más desagradable que sea, que la gigantesca organización de nuestras sociedades modernas, tan informadas, tan eficientes, sólo propende al aumento de nuestros pequeños placeres... A eso llamamos mercado, y no merece otro nombre.

No condeno: constato. ¿Quién trabajaría *por nada*? Por lo menos se trabaja por el placer de trabajar, a veces, y el placer no es nada... Es muy poco habitual, por otra parte, y notémoslo de paso, que el trabajo implique de suyo su propia gratificación. Lo más frecuente es que se trabaje por algo diferente del trabajo, y que incluso si se trabaja placenteramente, eso sucede, no se trabaje por ese placer sino por otro, incluso lejano, incluso impreciso, que el dinero promete o permite. «Todo trabajo merece un salario», se dice. ¿Se trabajaría de otro modo? El egoísmo es rey, en el hombre, y por ello el dinero es rey.

No el único, es verdad. También la sexualidad es reina, y el amor propio y la angustia y el cansancio... ¡Qué espectáculo constituirían, si se supiera ver, todos estos reyes del hombre, cada uno con su corte irrisoria o sórdida, su pequeño poder, su pequeña tiranía! Pero de momento el dinero es nuestro guía; sigámoslo.

«No quiero perder la vida ganándomela», decíamos a los 16 años. ¿Cómo hacerlo de otro modo, sin embargo, ya que hay que vivir? ¿Qué fue de los *hippies* de nuestra juventud? Todavía hay algunos, me dicen, que crían cabras en el campo. Pero es un trabajo, que se hace por dinero. La mayoría lo dejó, porque era más difícil de lo previsto, por cierto, pero también menos rentable de lo deseado. Así pues, han vuelto al orden: buscaron trabajo en la ciudad, retomaron sus estudios... De seguro hallaron toda clase de buenas razones ideológicas o morales. Siempre se las encuentra. Pero nadie se engaña, ni ellos tampoco: trabajan por dinero, como todo el mundo. No «para vivir», como se dice (se puede vivir sin dinero o con muy poco), sino para vivir bien, para vivir mejor. Aumentar el goce, disminuir el sufrimiento... Pequeños cálculos del deseo. Pequeños cálculos de la prudencia. ¿Y qué vida de otro modo? ¿Qué felicidad de otro modo? Hay que perder la vida al vivirla, y lo menos mal que se pueda. En el fondo, sólo los ricos pueden arreglárselas sin trabajar, o sólo trabajar para el placer, y esta injusticia torna la riqueza, quizá, más envidiable. El trabajo es un esfuerzo, un sufrimiento, un cansancio. La riqueza, un lujo y un descanso. «El dinero no hace la felicidad», dicen, y está muy claro porque nada lo hace. ¡No obstante qué lujo la pereza y qué placer en el lujo!

Recuerdo que mis alumnos del Liceo donde di mis primeras clases quedaron muy impresionados cuando les dije, porque me lo preguntaron, que sólo trabajaba por dinero y que si me tocaba la lotería (a lo que no jugaba ni entonces ni ahora) dejaría la enseñanza... Advertí que eso los hería. Debían imaginar que trabajaba para ellos, o por placer, o por amor a la filosofía... Conocían muy mal este oficio difícil, conocían mal al hombre. Me apresuré a desilusionarlos. ¿Cinismo? La palabra no me molesta. Pero este cinismo sólo es —lo mismo que era, en general, para los antiguos— un amor intransigente por la verdad. Diógenes contra Platón. Más vale decir el mal que es que el bien que no es. Ese mal, el único mal, o el origen de todos, es el egoísmo. El dinero es su instrumento, y la vida se pierde, en efecto, ganándola. La vida se pierde y nosotros con ella: es casi imposible que un rico entre en el Reino de Dios, decía Cristo, y por supuesto que todos los ricos estiman que esto es una metáfora; pero Cristo jamás dijo que lo fuera.

Me parece admirable observar que la rehabilitación de la riqueza, sucedida en la década de 1980, se ha hecho a un tiempo contra la izquierda (la vieja izquierda, como dicen) y contra el cristianismo (la moral judeo-cristiana, como dicen). Esto debería esclarecer a algunos espíritus libres. Es un hecho de todos conocido que la mayoría de los cristianos es de derechas. Pero sólo es un hecho y no demuestra ni prueba nada acerca de los valores. Si se trata de éstos, nadie me convencerá de que el cristianismo, de que su inspiración, no es de izquierdas, o mejor, de que la izquierda no es cristiana, o judeo-cristiana, lo que es lo mismo. Es lo contrario del Becerro de Oro. Es lo contrario del paganismo con sus dioses de castas o de clanes. Es lo contrario de la riqueza o del culto de la riqueza. Rigor de los Evangelios: «Nadie puede servir a dos señores... No podéis servir a Dios y al dinero...». Sé muy bien que mucha gente honesta es de derechas y que hay en la izquierda (sobre todo cuando está en el poder) tantos crápulas como en otras partes. Dos períodos de gobiernos socialistas en Francia ilustran esto con claridad y tristemente. Pero no por ello dejo de seguir convencido de que la moral, en principio, es de izquierdas, como todos los valores (sí, incluso la libertad, incluso la patria), porque no hace ninguna distinción de personas ni de riquezas, porque la izquierda no podría existir sin moral ni contra ella: para ser de izquierdas se necesitan valores, ideales, principios, mientras que para ser de derechas, como todo el mundo sabe —y ésta es la genialidad de la derecha, su inteligencia específica, su fundamento propio, lo que la destina casi perpetuamente a la victoria—, para ser de derechas, y casi por definición, bastan los intereses... Nadie ignora que a ello se agrega una moral, en la mayoría de los casos. Pero se agrega, en el otro campo está el principio mismo. Más lucidez a la derecha, quizá. Más generosidad a la izquierda. La moral no pertenece, por cierto, a nadie, a ningún campo, y no puede reemplazar a la política. Pero la izquierda no puede prescindir de ella, mientras que la derecha, en tanto tal, no la necesita. ¿Y qué queda cuando todos los valores abandonan el campo? El dinero. ¿Puede bastar? ¿Por qué no, si sólo se trata de administrar? El capitalismo no es una ideología, lo que constituye su fuerza. Pero ninguna fuerza hace una civilización.

Pobreza de Diógenes, pobreza de Cristo, pobreza de Buda... ¿Alguien puede creer que esto es casual? Esos tres son maestros, quizá los más grandes que nunca hubo, y son maestros de pobreza. ¿Hay otros? Sé muy bien que Montaigne no era pobre. Por lo menos no elogiaba la riqueza. Mejor: confiesa que jamás fue más feliz que cuando nada poseía ni estuvo tan inquieto ni se sintió tan despreciable como cuando quiso enriquecerse... Y sólo era Montaigne, que nos conmueve tanto porque también comparte nuestras debilidades. Los otros tres son más rudos, más exigentes, y quizá seamos incapaces de seguirlos. Lo cual no los refuta ni nos excusa. «Quien de vosotros no renuncie a todos sus bienes no puede ser mi discípulo», decía Cristo, o, mejor, lo dijeron los tres, cada uno a su modo, y otra vez sólo los ricos ven en ello metáforas... La parábola del hombre rico se ocupa, sin embargo, con toda claridad de las riquezas materiales. Se sabe que trata de un joven virtuoso que querría hacer más. «Si quieres ser perfecto —le responde Jesús—, ve, vende lo que posees y dalo a los pobres, y después ven y sígueme...» Al escuchar esta parábola, agrega el evangelista, «el joven se marchó entristecido, porque tenía muchos bienes». Allí estamos todos, siempre, y lo menos que nos podría ocurrir, en efecto, sería quedar *entristecidos*. Pero nuestros jóvenes ricos —nuestros *golden boys*— están más allá de eso: regresan, riendo, al Templo o a la Bolsa...

¿Qué concluir? ¿Que no somos perfectos? Ciertamente. ¿Que ni siquiera queremos tratar de serlo? Sin duda. Pero todo esto es tan evidentemente verdadero que uno quisiera pasar a otra cosa; y haría falta. No tan rápido, sin embargo. Indago lo que el dinero nos enseña sobre nosotros mismos. ¿Que somos egoístas? Lo sabemos sin él. Pero el dinero posee la comodidad de que es medible, qué digo, que él mismo es su propia medida y la de todos los bienes materiales. No nos enseña que somos egoístas, sino hasta qué punto lo somos. ¿Cuánto dinero se gasta en uno mismo? ¿Y cuánto en los otros? Si se acepta —y hay que admitirlo— que la familia es un *uno mismo* expandido, dilatado, a la vez proyectado e interiorizado, el dinero ilumina crudamente nuestra vida y nos ilumina crudamente a nosotros mismos. ¿Por qué los otros tendrían que ocupar un lugar más grande en nuestro corazón que en nuestro presupuesto? Lo contrario es lo más verosímil: habría que preguntarse si el lugar ínfimo que ocupan en nuestros gastos (¿un 1% o menos?) no es la expresión de un

egoísmo más sutil o más hipócrita... El dinero mide todo
lo que tiene un precio, pero también, por ello, lo que
no lo tiene, quiero decir el precio mismo que ponemos
a las cosas, a la gente, a todo lo que no es nosotros. De
este modo mide, por lo menos negativamente, por lo
menos por diferencia, nuestro propio valor, que siempre es sólo la parte de nosotros que se le escapa. El valor de un ser humano, su dignidad, como dice Kant, es
lo que de él no está en venta, lo que no tiene precio,
aquello contra lo cual el dinero nada vale, nada puede.
¿Esto es mucho? ¿Es poco? A cada uno corresponde
decidir, por su propia cuenta, y tanto peor si el dinero
se nos impone. Si todo se vende, nada vale.

«¡Qué hueco es el corazón humano, qué lleno de
suciedad!», decía Pascal. Ocurre que está lleno de lo que
posee o codicia, de todo lo que tiene un precio y que nada
vale. El dinero es esta suciedad, en el corazón del hombre, que se mide por sí mismo.

Pero ¿por qué la riqueza nos fascina tanto y más
que otra cosa? Ocurre que de todos los demás bienes se
puede tener bastante o incluso demasiado. ¿Para qué el
alimento si no se tiene hambre? ¿El desenfreno, si ya no
hay deseos? ¿Y qué haríamos con cien casas o mil auto-
móviles? El hombre quiere poseer porque quiere gozar,
decía. Pero el gozo tiene sus límites, los del cuerpo. El
dinero permite superarlos indefinidamente. Siempre es
posible agregar un cero a un número: la pasión de consumir, gracias al dinero, accede al infinito, y este infinito nos encierra en la ausencia de sus límites. ¿Cómo podríamos salir? El deseo, aquí, es incapaz de saciarse
nunca. Se puede tener suficientes alimentos, vehículos,

suficiente de esto o aquello. Pero ¿suficiente dinero?
Habría que tener suficiente de todo, y no sólo de bienes reales sino de todo bien posible... Esto nunca sucede, porque nadie puede gozar de lo posible. El dinero
es incapaz entonces de satisfacernos (en el sentido eti-
mológico: hacernos suficientes) y así se torna aún más
deseable. Esto constituye su encanto, por ello toca el
infinito. El dinero no es un bien entre otros: es el equivalente de todos. No es un bien real, es el acceso inde-
finido a todos los bienes posibles. No es, o no es solamente, una posesión presente, es la posesión anticipada
del porvenir. ¿Posesión imaginaria? Por supuesto, ya
que el porvenir no existe, porque vamos a morir, porque vamos a estar muertos antes, quizá, de haber gas-
tado la parte menor de esa fortuna que nos tranquili-
za... Pero lo imaginario, en estos dominios, vale lo que
su peso en realidad. Más vale gozar en sueños que sufrir realmente.

El dinero, sin embargo, no es un sueño: el dinero es
ese pequeño fragmento de realidad que abre al gozo soñado (pero plausible, pero verosímil...) de lo posible.
Es como un sueño voluptuoso que se llevaría a todas
partes con uno mismo en el portafolio o en la chequera.
Los ricos tienen mucha suerte. Los pobres, mucho infor-
tunio. El dinero es un milagro: es la potencia en acto que
sigue siendo potencia. Es la esperanza realizada y que sigue siendo esperanza.

Ni siquiera es difícil comprender que ese milagro
sea una trampa, como todo el mundo sabe. Los otros
deseos caducan, por regla general, con su satisfacción.
Post coitum... Pero no la codicia. Pero no la avaricia. La
riqueza nos encierra en la codicia, al revés de otros placeres, por ejemplo los sexuales, que nos liberan por lo

menos provisoriamente. Sucede que el dinero no satisface ninguna carencia presente, ninguna carencia real, ninguna carencia efectiva: sólo es la satisfacción anticipada de una carencia futura. Poderío del dinero: satisfacer en potencia... El dinero que se tiene es la promesa de todo lo que se tendrá. Ya se goza en lo imaginario, y por esto la riqueza también es un placer. ¿Placer ficticio? De acuerdo, pero durable. Gozo abstracto, pero muy real. Anticipado, pero ya presente en esta anticipación. Uno piensa entonces en el poder según Hobbes: «El poder de un hombre consiste en sus medios presentes para obtener algún bien aparente futuro». Esta definición perfecta explica por sí sola por qué nunca se tiene suficiente poder (¿cómo saciarse con bienes por venir?) ni, por la misma razón, dinero suficiente. Sucede que el dinero es un poder (un medio presente para obtener un bien futuro) y sin duda, en nuestras sociedades, el mayor de todos. Ser rico es gozar hoy del porvenir posible. Pero como el futuro es infinito —por lo menos eso se finge creer—, la riqueza, para satisfacernos, también debería serlo... ¿Y cómo puede ser esto posible? Sólo tienen dinero suficiente los que se saben mortales o aquellos a quienes el presente —y a menudo son los mismos— les basta. ¿Por qué va a querer acumular el sabio, ya que va a morir? ¿Por qué va a querer tener más, si nada le falta? El codicioso, en cambio, ya lo explicaba Lucrecio, cree hallar en el dinero, absurdamente, algo que le protegerá de la muerte inevitable...

Esta codicia tiene sin duda una función social. Al relanzar indefinidamente la máquina de la carencia, obedece la misma lógica, pero río arriba, que la publicidad río abajo: no satisfacer un deseo, pero suscitarlo o mantenerlo. La publicidad hace consumir, la codicia hace trabajar: la máquina no se detiene jamás y todo marcha para mejor en el mejor de los mundos comerciantes posibles... La sociedad en que nadie amara el dinero sería una sociedad pobre y sin duda una pobre sociedad. Basta releer a Engels o también a Voltaire. Pero lo que vale para las sociedades no siempre vale para los individuos. ¿Qué hay más útil para la sociedad que la codicia, la avidez, la envidia? ¿Qué más despreciable en un individuo? Además, el exceso de desinterés no amenaza. Finalmente, y ya que no sabemos amar la pobreza (ya que sólo nos sabemos amar a nosotros mismos), hay dos modos de amar el dinero. Hay los que desean la riqueza por la riqueza y están dispuestos, para enriquecerse, a trabajar siempre más. Y hay los que sólo quisieran enriquecerse algo más para trabajar menos... Aún no es la sabiduría, pero ya es menos locura. Más vale amar el dinero por el descanso que permite que por el reposo que hace perder.

La escritura, aunque sea filosófica, es otra cosa: escribir es un placer más que un trabajo o el único trabajo que en todo caso haría sin que me pagaran. Vivo sin embargo ajustado y más bien que mal. «Con mi libro sobre la pobreza —me decía un amigo sacerdote—, me compré un equipo estéreo.» Yo lo he hecho peor y he ganado más. El dinero nos posee tanto como lo poseemos, pero no más. Nos posee y por ello nadie es rico inocentemente. ¿Felices los pobres? Por cierto que no, porque el dinero también los posee, por la carencia, y con mayor dureza, porque la miseria es una desgracia, porque la miseria es otra prisión, o la misma pero más estrecha. Los pobres no son los felices; los felices son pobres, pobres de espíritu como dicen, porque nada los posee, porque ninguna posesión los aprisiona. ¿Solamente de espíritu? No es seguro. ¿Cómo podrían ser ricos? ¿Cómo podrían seguir siéndolo? Nadie vale por lo que posee ni por lo que codicia. Sólo se vale por lo que se da, y todo lo que no se da se pierde y nos pierde.

El dinero no es una metáfora para nombrar nuestro alejamiento del Reino; este alejamiento es una metáfora para nombrar el dinero y la prisión del dinero, para decir el yo y la prisión del yo. Los ricos tienen mucha suerte, y casi la condenación.

Por eso se nos parecen, como el joven rico de los Evangelios, ese que se marcha entristecido y no cesa de indicarnos el camino, no el que hay que tomar, sino el que desgraciadamente seguimos en la práctica.

Pobres ricos: pobres de nosotros...

CAPÍTULO
3

La correspondencia

¿Por qué escribir una carta? Porque no se puede ni hablar ni callar. La correspondencia nace de esta doble imposibilidad, que supera y de la cual se nutre. Entre palabra y silencio. Entre comunicación y soledad. Es como una literatura íntima, privada, secreta, y quizás el secreto de la literatura.

Se escribe porque no se puede hablar: lo más frecuente es que sea a causa de la distancia, de la separación, de un espacio que las palabras no pueden franquear. Así sucede en un viaje o en un exilio. Durante siglos fue el único medio para dirigirse a los ausentes, para llevar el pensamiento allí adonde el cuerpo no podía ir; es el regalo más bello que hizo quizá la escritura a los vivientes: permitirles vencer el espacio, vencer la separación, salir de la cárcel del cuerpo, por lo menos un poco, por lo menos mediante el lenguaje, por intermedio de esos pequeños trazos de tinta sobre el papel.

El regalo más bello, pero no el único ni el primero. La escritura tuvo sin duda una función de archivo antes que una de comunicación. Se intentó vencer el tiempo antes que el espacio. Conservar antes que intercambiar. O, si la escritura servía para comunicar, lo hacía por el desplazamiento de los lectores más que por el del mensaje. Se grababa en la estela, en el muro, ante el cual la gente pasaba: inmovilidad del texto y movilidad de los lectores. Una pirámide es un sobre, si se quiere, cuya momia sería la carta, cuyos jeroglíficos serían el texto. Algo se dice allí, se comunica allí. Un mensaje pero sin más mensajero que él mismo. Inmóvil. Pero que recorre los siglos más que los kilómetros. No se trataba de vencer la ausencia sino la muerte, no la separación sino el olvido, no la distancia sino el tiempo. No se trataba de intercambiar sino de mantener. Cuán frágiles son nuestros sobres ante esas tumbas... Se nos parecen. Fragilidad de la vida, de los intercambios, de los individuos sin más eternidad que la del tiempo que pasa, que ese presente que dura, que esos vivientes que mueren... Fragilidad de la correspondencia: fragilidad de vivir y de amar. No escribimos nuestras cartas para vencer a la muerte ni para vencer al tiempo, sino para habitar juntos cuanto podamos, a pesar de la separación, a pesar del espacio, el poco tiempo que se nos ha concedido en común. Salvo megalomanía muy particular, sólo se mantiene correspondencia con los contemporáneos (las estelas se dirigían, en cambio, más bien a los descendientes), y en esto hay, me parece, algo esencial de la correspondencia, algo que constituye su pobreza y su precio. Un viviente se dirige a un viviente y no por los siglos de los siglos (como algunos escritores, no siempre los mejores, en sus libros), sino para participar alguna cosa, un suceso o un pensamiento, una emoción o una sonrisa, a menudo casi nada y es lo esencial de nuestra vida, para compartir esta pobreza que somos, que vivimos, que nos hace y deshace, antes de que la muerte nos coja, para no renunciar, mientras respiremos y sean cuantos sean los kilómetros que nos separan, a la dulzura de vivir juntos, en cualquier caso al mismo tiempo, a la dulzura de compartir y de amar. Contemporáneos de la misma eternidad, que es hoy. Pasantes del mismo pasaje, que es el mundo. Turgueniev, en su lecho de muerte, quiso escribir una carta última a Tolstoï: «Señor, fue un gran honor haber sido vuestro contemporáneo». Todo el mundo no es Tolstoï ni todo el mundo es Turgueniev. Sin embargo esto es un poco lo que queremos decir en nuestras cartas, lo que en efecto decimos por nuestras cartas, por el simple hecho de escribirlas y sea lo que sea eso que en realidad digamos. Si se dejan de lado los intercambios puramente profesionales o administrativos, casi siempre se escribe acerca del amor, o por amor, se trate de amor pasión o de amistad, de familia o de vacaciones, sea profundo o superficial, leve o grave. Escribo para decirte que te amo, o que pienso en ti, que me alegro, sí, por ser tu contemporáneo, por habitar el mismo mundo, el mismo tiempo, por estar separado de ti sólo por el espacio y no por el corazón, no por el pensamiento, no por la muerte. Partir es morir un poco. Escribir es vivir más.

Es verdad que en nuestros días el teléfono podría superar el obstáculo de la distancia, y en efecto lo supera, trasmitir la palabra a través de países y continentes. Se continúa, no obstante, escribiendo, y no sólo por economía. Hay muchos, entre ellos yo mismo, que prefieren recibir una carta a recibir una llamada telefónica.

¿Por qué razón? Porque el teléfono es inoportuno, indiscreto, charlatán. También, sobre todo, porque hay cosas que no se pueden decir, o sólo mal, y que la escritura puede incorporar. La escritura nace de la imposibilidad de la palabra, de su dificultad, de sus límites, de su fracaso. De lo que no se puede decir, o que uno no se atreve a decir, o que no se sabe decir. Ese imposible que se lleva en uno mismo. Ese imposible que uno mismo es. Hay cartas que reemplazan a la palabra, como un *ersatz,* un sustituto. Y las que la superan, que por ello bordean el silencio. Éstas no reemplazan nada, son irreemplazables. Hay que escribir aquello que no se puede hablar.

Recuerdo que, adolescente, intercambié cartas con una joven que veía todos los días en el liceo, con la que hablaba, y las cartas creaban sin embargo entre nosotros un lazo más esencial, más íntimo. A veces pasaban por el correo, otras de una mano a la otra, y esto nunca nos pareció ni descabellado ni absurdo. ¿Por qué escribirse cuando se puede hablar, cuando en efecto se habla? Porque no se puede hablar siempre, ni de todo, porque la palabra puede constituir un obstáculo para la comunicación, a veces, o condenarla a la charla vacía, porque hay que tomarse un tiempo para estar solo, ser verdadero, porque es dulce pensar al otro en su ausencia, aunque se lo vaya a ver al día siguiente, decirle el lugar que ocupa en nuestra vida incluso cuando no está, en nuestro corazón, en nuestra soledad, y esto jamás sabrá hacerlo la palabra, porque la suprime. La palabra sólo nos acerca a otro, con frecuencia, separándonos de nosotros mismos, y así sólo nos acerca al otro ficticiamente, de manera superficial o espectacular. En una carta, en cambio, sólo se alcanza al otro si se está muy cerca de uno mismo. Pero se lo alcanza, por lo menos sucede eso, y a una profundidad a la que sólo acceden las palabras en contadas ocasiones. La escritura está más cerca del silencio, más cerca de la soledad, más cerca de la verdad. Por lo menos puede estarlo, y esto la justifica. ¿Para qué escribir si sólo se hace para fingir?

¿Valdrá más el silencio? No siempre y según qué silencio. Se escribe porque no se puede callar o porque no se quiere. También el silencio es un enemigo, una prisión también, cuando encierra, cuando aplasta, cuando mata, y a veces mata. Se escribe para devolverle su levedad, su transparencia, su apertura, su luz, pero sin verdaderamente quebrarlo, como haría la palabra, sin salir de él, sin negarlo. Se escribe en el corazón del silencio, adonde la palabra casi no va. Se escribe donde se vive, donde se es, lo más cerca de sí y del otro. Ya no se está separado por la voz, por la mirada, por el cuerpo (que siempre separa mientras los cuerpos no se toquen). Y se tiene tiempo, por lo menos cuando se lo da uno a sí mismo, como el otro lo tendrá para leerte o releerte quizás hasta años más tarde. Hay una eternidad en la escritura, en toda escritura, de la cual la palabra más bien nos apartaría. No es la eternidad de las estelas o de las tumbas. Es la eternidad de vivir, pero revelado, y preservado, como una botella lanzada al océano del tiempo, como un trozo del presente en el infinito del porvenir. Las cartas de amor duran más, muy a menudo, que el amor. Le sobreviven. Están allí, si se quiere, cuando el amor ha muerto: darán testimonio de lo que ocurrió, de lo que eternamente permanecerá verdadero, pero que quizá sin la escritura se habría olvidado o perdido.

Toda palabra es contemporánea de quien la escucha y muere allí mismo. Ninguna escritura lo es de su lectura; por eso no muere. Entre el tiempo de la escritura y el de la lectura hay como una distancia asumida y abolida. Toda palabra es de instante; toda escritura, de temporalidad. El lector descubre esta temporalidad, la redescubre, la habita. Viene a ser como un tiempo recobrado en el hueco de lo cotidiano, un poco de tiempo en estado puro, como diría Proust, y a esto se llama eternidad: el tiempo que pasa sin perderse, el presente que cambia y continúa, el porvenir que permanece...

Allí se recupera la literatura; en realidad no la habíamos abandonado, porque allí comienza. Como una palabra eterna. Como un presente que se salvaguarda. Como una temporalidad liberada de sí misma y de todo. Escribir es siempre escribir a alguien o para alguien, aunque sea un desconocido, aunque sea universal, y toda literatura es en este sentido epistolar. También es verdadero el caso recíproco. Una carta, aunque torpe, es una obra, una creación, un trabajo, lo que casi nunca es la palabra. Toda carta es literaria. Un ser viviente se dirige a otro ser viviente en el secreto de vivir. Una soledad se confía a otra en el misterio de ser ella misma, en lo desconocido de amar o de ser dos. Un individuo se entrega en ello, como puede y como quiere. Con sus pobres palabras, su pobre escritura, su pobre vida. Esta pobreza nos asemeja. La carta más torpe es más emocionante, si es verdadera, que una habilidosa novela, si ésta no lo es. Es una botella en el mar, pero cuyo destinatario es conocido. Un regalo que uno hace, pero que sólo tiene a uno mismo para ofrecer.

Como una carta es una obra, sea cual sea, resulta tentador convertirla en obra de arte que valga por sí misma. Todo el mundo no es novelista, poeta, artista. Pero todo el mundo escribe cartas, por lo menos todos los que saben escribir, y jamás se dirá bastante de la miseria de quienes no saben hacerlo, de quienes son presa de la palabra o del silencio, del instante, del cara a cara. Qué desgracia no poder escribir cartas de amor, no poder escribir a los amigos, a los hijos, no poder leerles, estar aprisionado por la ausencia o la separación... La escritura es un lujo, la escritura es una felicidad, la escritura es una libertad. Y si la injusticia llega a deslizarse allí, como ha sucedido, sólo torna más odiosa a la injusticia.

Es una obra entonces, y a veces una obra de arte. Unos convertirán sus cartas en poemas, en verso o en prosa, en ensayos, en confesiones, en sátiras, a veces en novelas... No deja de ser verdad que la correspondencia es también un género literario y uno de los que, digámoslo al pasar, mejor han resistido las modas y los siglos. Disfruto más leyendo la correspondencia de Flaubert, George Sand, Turgueniev o Maupassant que leyendo o releyendo sus novelas. Allí están menos adornados, son menos estetas, menos habladores y más verdaderos. La correspondencia de Abelardo con Eloísa, aunque decepcionante, ha sobrevivido mejor que sus tratados, que sólo interesan a los eruditos. Y a mí me gusta que en la correspondencia cada uno se exprese, ensaye, se arriesgue, que cada uno pueda buscar allí ese pequeño fragmento de sí mismo que no miente. Pues se puede mentir por carta como de palabra, y quizá con mayor facilidad. Pero es traicionar el lenguaje, traicionar la escritura, traicionar al otro y traicionarse uno mismo. Las verdaderas

cartas son las cartas verdaderas. Por eso valen. Por eso
conmueven. El vocabulario importa menos que la since-
ridad. El talento, menos que el amor o el coraje.

Otros harán dibujos, ilustraciones, *collages*, y deco-
rarán hasta los sobres de sus cartas. ¿Por qué no? La
forma también habla. Y toda belleza es buena. Escribo
este texto para el catálogo de una exposición en el Museo del Correo. Cuánto sobre adornado, curioso, original... Cuánta obra de arte en miniatura... Nadie habría
imaginado, sin esta exposición, hasta dónde llega la in-
ventiva de nuestros contemporáneos, por lo menos de
algunos, su creatividad, su talento a veces. Cuánto cuidado para una sola carta, para un solo lector... La exposición deja entrever algo, por la publicidad; pero sólo
se trata de una indiscreción fugitiva. Esas cartas volverán pronto a la oscuridad de donde vienen, con la cual
la mayoría se contenta, con sus pequeños sobres dis-
cretos, triviales, indistintos, y esto también es bello, ese
anonimato de la multitud, esa intimidad innumerable
del correo. Estos millones de cartas que circulan todos
los días, en todos los países, como un gigantesco tumul-
to silencioso, como un formidable murmullo impercep-
tible, todos esos pequeños arroyuelos de papel y de tinta
que forman como un mar, que acarrean nuestros se-
cretos, nuestras confidencias, nuestras lágrimas, y todo
cuanto hace falta para ello de organización, de trabajo,
de inteligente y fiel humanidad (¿qué más sencillo que
una carta, qué más complejo que el correo?) configu-
ra una de las imágenes más verdaderas de nuestras vidas por completo tejidas de soledad y de deseos, de palabras y silencios, de amor y de cólera, todas destinadas
a la separación y todas conjurándola...

Una carta puede sobrevivir, y a veces sobrevive, a la muerte del que escribe o la recibe. Esto entrega al uno o al otro, cuando piensan en ello, una percepción más exacta de su fragilidad, de su importancia el uno para el otro, el uno por el otro, y también del peso de cada palabra. No es el caso de todas las cartas (muchas son pura convención, pura rutina, pura o impura cortesía), pero es el caso de las que importan, de las únicas que merecen ser escritas, incluso el caso de las más sencillas, incluso de las más desnudas. El estilo no es lo que importa. La corrección tampoco es lo que importa. Una carta vale primero por su intimidad, por su dulzura, por lo que contiene de amor o de secreto. Todo el mundo las puede escribir, por lo menos todos los que saben escribir. Basta con ser verdadero. Basta escribir lo más cerca de la vida tal cual es, tal cual parece, tal cual pasa y permanece, nuestra pobre pequeña vida de mortales, como a la espera de un no sé qué, o un lo sé demasiado, como a la espera de la vida misma, como privada de sí misma y no obstante viviente, tan viva, tan frágil, tan desgarradora de debilidad y trivialidad, tan desprovista de todo, tan desarmada, tan humildemente única y común, como un milagro siempre malogrado, siempre recomenzado, nuestra pobre pequeña vida de terrenales, en alguna parte en el tiempo, en alguna parte en el universo, nuestra pobre pequeña vida de vivientes, entre nacer y morir, entre nada y nada, entre todo y todo, nuestra pobre pequeña vida de humanos, siempre expuesta al amor y al sufrimiento, a la soledad y al reencuentro, y esto hace que tan pocas cosas quepan, o casi, en un sobre... No alcanza para hacer una historia, no alcanza para una novela. Justo el tiempo para vivir un poco, para amar un poco, justo el tiempo para enviar algunas cartas... Te escribo para decirte que te amo y que voy a morir, para decirte que estoy vivo, todavía vivo, y feliz de ser tu amigo, y muy feliz de ser tu amante. «En la medida en que estamos solos, el amor y la muerte se aproximan.» Esto, que fue escrito en una carta, dice la única verdad.

Nuestras cartas se nos parecen, por poco que lo queramos e incluso, a veces, cuando no lo queremos. Frágiles como nosotros. Irrisorias como nosotros. Hermosas, a veces. Pobres y preciosas, triviales y singulares casi siempre. Un poco de nuestra alma se desliza allí, en la delgadez de un sobre. Algo de nuestra vida en la locura del mundo. Algo de nuestro amor en el desierto de las ciudades.

¿Por qué se escribe una carta? Para habitar juntos la esencial soledad, la esencial separación, la esencial y común fugacidad. Para describir el tiempo que hace, el tiempo que pasa. Para contar en qué nos convertimos, lo que somos, lo que esperamos. Para decir la distancia sin abolirla. El silencio, sin corromperlo. El yo, sin encerrarse en él. Esto no hace las veces de palabra. Esto no hace las veces de nada. Y nada, tampoco, ocurre: las cartas verdaderas, las que uno desea recibir, son gratuitas e irreemplazables, como la vida, como el amor, como un regalo, y esto es uno. «*No es nada, soy yo* —me escribe un amigo—, *vengo a decirte que te quiero mucho, mucho...*» Es nada, o casi nada, y no obstante un trozo del mundo y del alma, transmitido como por milagro, tan leve en la mano, tan hondo en el corazón, tan próximo en lo distante.

CAPÍTULO

4

El gusto de vivir

«Tal como la fresa sabe a fresa —decía Alain—, así la vida sabe a felicidad.» Y conozco pocas otras frases que me hayan dejado tal regusto de felicidad, pero también de deseo y, debido al deseo, de amargura.

Conviene una cita más extensa del maestro: «En primer lugar, la vida es buena; es buena por sí misma; el razonamiento no le hace mella. No se es feliz por viaje, riqueza, éxito, placer. Se es feliz porque se es feliz. La felicidad es el sabor mismo de la vida. Tal como la fresa sabe a fresa, así la vida sabe a felicidad. El sol es bueno; la lluvia es buena; todo ruido es música. Ver, oír, oler, gustar, tocar, toda una seguidilla de felicidades. Incluso las penas, incluso los dolores, incluso el cansancio tienen sabor a vida. Existir es bueno; no mejor que otra cosa, pues existir es todo y no existir es nada. Si así no fuera, ningún viviente duraría, ningún ser vivo nacería. Pensad que un color es una alegría para los ojos. Actuar es una alegría. Percibir también lo es y es la misma. No estamos condenados a vivir; vivimos ávidamente. Queremos ver, tocar, jugar; queremos desplegar el mundo. Todo ser viviente es como un paseante matutino. [...] Ver es querer ver. Vivir es querer vivir. Toda vida es un canto de alegría». Sólo es un pequeño artículo, uno de sus innumerables *Propos*, como decía Alain, publicados a lo largo de los años (cotidiana y benévolamente) en un periódico de provincia, en Ruán; éste es de mayo de 1909, y envidio a los lectores que leían este tipo de noticias con el desayuno, que sabían de la felicidad al mismo tiempo que del mundo, la vida, la maravilla de vivir, al mismo tiempo que de las desgracias de la historia o de las vicisitudes de la economía... Varios han debido recortar este artículo, guardarlo cuidadosamente con los demás en un cajón, en un cuaderno, algo más felices de repente, un poco más libres, algo más orgullosos de ser hombres, un poco más sabios, y después han debido marcharse a su trabajo con el paso más firme, quizá canturreando, otra vez gallardos, erguidos, con una pizca más de alegría y de coraje, con algún pensamiento en el corazón. ¿Optimismo fácil, ingenuo, ciego? No creo. Olvidé decir que este artículo se escribió acerca de un suceso que acababa de ocurrir, el suicidio de un adolescente, y que esto, este horror, había que pensarlo, comprenderlo, superarlo. «La vida ya no sabe a vida. Placer y dolor, todo está como adulterado; la acción es como una fuente agotada...» Y el lector se marchaba con estos dos tesoros, un poco de luz, un poco de noche, la muerte de un estudiante, el amor a la vida, mezclados indisolublemente, porque toda muerte es triste si la vida es amable... Suelo releer este *Propos*, me sigue pareciendo hermoso, de una belleza que no miente. «Tal como la fresa sabe a fresa...» Y Alain, por cierto, no sólo había vivido esto, este sabor de felicidad, esta vida alegre y sabrosa. Tenía sus momentos de cansancio, de cólera, de disgusto. Pero también debió de vivir éstos, esta gozosa vitalidad, esta alegría de todo el ser. Y todos somos capaces de esto, por lo menos un poco, por lo menos a veces. ¿Quién no ha tenido sus momentos de gracia o de júbilo? ¿Sus mañanas triunfales? ¿Sus veladas radiantes? El hecho es que vivimos, hacemos hijos y esto deja en mal pie a los quejosos. El suicidio es la excepción y no prueba nada. No se está rechazando con ello la vida, sino el dolor, la vejez, la enfermedad, el aislamiento... No se está despreciando la felicidad, se está huyendo de la desgracia. «Todos los hombres buscan la felicidad —decía Pascal—, hasta los que se ahorcan.» Se matan para no seguir sufriendo, para no seguir siendo desgraciados. Y esto sigue siendo búsqueda de la felicidad, porque se huye de la desgracia. El suicida no escapa al principio de placer, y Alain, en otro lenguaje, nos ayuda a comprenderlo. Sólo se pone fin a los días por sufrimiento o tristeza: nadie abandonaría de manera voluntaria una vida ligeramente pasable, y esto dice mucho sobre el suicidio y la vida. ¿Habrá que decir, con Spinoza, que la gente sólo se suicida por causas exteriores aunque interiorizadas? No sé. Es seguro, no obstante, que hay que tener razones muy fuertes para morir, para querer morir. Buenas o malas, externas o internas, es otra historia. Pero más fuertes que la vida, más fuertes que el cuerpo, que resiste, más fuertes que el alma, que sólo es esta resistencia en acto. ¿Quién se suicidaría sin motivos? Estaría enfermo, y ya puede ser una razón muy fuerte. La depresión es una enfermedad, como se sabe, que puede ser mortal. Pero ¿qué demuestra contra la salud? ¿Contra la vida? ¿Contra la felicidad? ¿Y el suicidio filosófico?... Camus, que lo convierte en su punto de partida («El único problema filosófico verdaderamente serio», escribió en las primeras líneas de *El mito de Sísifo*), casi no se detuvo en él, e hizo bien. El absurdo conduce más bien a un tratado de la felicidad, lo que explican las últimas páginas del mismo libro, al enfrentamiento con lo real, a la afirmación simple de la existencia. ¿Por qué vivir? No es la pregunta. Lo mismo sería preguntarse por qué ser feliz, por qué gozar y regocijarse. La vida responde por nosotros, el placer responde por nosotros, o, mejor, no hay pregunta, no hay respuesta, y es la vida misma. *Alogos*, decía Epicuro: sin razón, sin discurso y sin necesitarlos. Sabiduría del cuerpo: sabiduría del placer. Hacen falta razones muy fuertes para desear la muerte, porque el cuerpo la rechaza. Pero no hacen falta razones para vivir; basta una que no es una: se vive para el placer, y porque vivir es uno.

Pero ¿por qué entonces vivimos tan poco, tan mal? ¿Por qué esta tristeza, tan frecuente, este desagrado, este hastío, esta amargura? Puede variar de individuo en individuo, y en efecto varía. Gustos y colores... No quisiera convertir en sistema mi temperamento. ¿Quién se escoge a sí mismo? ¿En qué sentido, en estas materias, se puede pretender la razón? El cuerpo manda, quizás, o la infancia o el inconsciente o el azar de los encuentros y de los duelos... Pero ¿por ello hay que renunciar a pensar? Ocurre que me gustan poco las fresas y que la cerveza me alegra mucho más. Y no tanto por el alcohol: hoy se fabrican algunas que no tienen y que sin embargo me agradan. La cerveza con gusto a muerto, la cerveza con gusto a lo real. Y me gustaba también el tabaco, aún me gusta, creo, por ese gusto agrio en la boca o en los pulmones... Utilizo estos ejemplos porque no veo en ellos simples contingencias gustativas. Quizás allí se juega una verdad, o se busca, en esos sabores amargos. ¿Acaso Lucrecio no comparaba la verdad con un brebaje demasiado amargo que primero había que disimular para no espantar al ignorante, endulzando el borde de la copa «con una miel rubia y azucarada»? Así hacen los médicos, explica, para que los niños traguen las medicinas. Así hace Lucrecio, que adorna con «dulce miel poética» la amarga doctrina de Epicuro... ¿Hay que entender que sólo somos niños, que la amargura desaparece en el sabio? Quizá. Pero en el poeta, nada; y en el filósofo, casi... Quiero creer que éste (uno de los escasos poetas que fue filósofo, el único filósofo quizá que fue poeta) desdeñó la miel y terminó por amar esa amargura por la cual la verdad, para quien no es ni ignorante ni sabio, se anuncia, se da, se gusta... ¿La verdad? ¿Qué verdad? La de vivir y morir. Es la misma, porque sólo los vivientes mueren y porque todos mueren. El razonamiento nada aporta. Se muere por accidente, enfermedad, vejez. Se muere de ser mortal, se muere de vivir, de haber vivido. La muerte, o la angustia de la muerte, o la certidumbre de la muerte, es el sabor mismo de la vida, su amargura esencial. Como la cerveza sabe a cerveza, así la vida sabe a muerte.

¿Entonces? ¿Fresa o cerveza? ¿Dicha o amargura? ¿Hay que elegir? ¿Se puede? ¿Se debe? Me parece, más bien, que hay que aprender a amar a las dos, en su diferencia, en su contraste, y sin duda Alain no me con-

tradiría. ¿Filósofo trágico? ¿Quién puede no serlo si
está sin Dios y sin ilusiones? Así, dice de George Sand,
a quien admira: «George Sand, por su propia vida, me-
diocre, deformada, fallida, como toda vida...». Ese regusto a fracaso en toda existencia. Ese gusto a muerte
en todo lo que vive. Spinoza me objetará: «El hombre
libre en nada piensa menos que en la muerte, y su sabiduría no es una meditación sobre la muerte sino sobre
la vida». Muy bien. Si somos libres, el asunto, en efecto,
no se plantearía; y estoy de acuerdo con que no se plantearía si llegamos a serlo. Pero no lo somos, Spinoza lo
muestra. ¿Y quién puede llegar a serlo? ¿Y qué hacer
mientras tanto? Por mi parte, jamás he podido ser spinozista ni sabio hasta ese punto, ni creo que pueda llegar a serlo, ni siquiera creo pretenderlo. ¿Cómo pensar
la vida sin pensar la muerte? ¿La felicidad sin aceptar la
desgracia? ¿La sabiduría sin aceptar su locura? Puede
que aquí esté llegando yo a mis límites: pero puede también que Spinoza haya superado —sobrepasado— los
suyos, y me refiero a los límites comunes. Poco importa. Este regusto de amargura que nos deja la vida, y en
el placer mismo y en la felicidad misma, ¿de dónde viene? Como catador de agua o de vino, intento analizar el
bouquet, reconocer los distintos constituyentes, los diferentes aromas, los distintos sabores... Sabor a muerte,
sabor a soledad, sabor a verdad, sabor a vanidad, sabor
a decepción, sabor a cansancio, sabor a hastío... Sí, todo
eso se mezcla con los placeres, los reviste, los acompaña, los enmascara o los destaca según los momentos, según las circunstancias, a veces los extingue, a veces los
exalta... La mezcla es a un tiempo delicada y fuerte, ex-
traña y familiar, descorazonadora a veces y otras embria-
gadora, con frecuencia tenue o pesada...

No me detengo en los placeres. Sería en exceso indiscreto detallar los míos y una indiscreción muy vana por cierto. Cada uno los conoce. El cuerpo es buen juez, y el único. Comer es bueno, beber es bueno, hacer el amor es bueno. ¿Quién desea morir cuando está excitado? El hedonismo es lo contrario del nihilismo. El sabor a muerte no por ello deja de permanecer, y en el deseo mismo; pero quizá se lo perciba con menor frecuencia que el sabor más vivo, más inmediato, más enervante, del placer. En medio de una multitud, me ocurre a veces sondear los rostros. ¿Sabe aquél que va a morir? ¿Y ese otro, tan serio, tan absorto? ¿Y esos dos enamorados? ¿Y aquel anciano? Los rostros casi no responden y no podemos, por lo menos fácilmente, interrogar a un desconocido sobre este tema... Algunos de mis amigos, incluso inteligentes, me aseguran que nunca piensan en la muerte, o que lo hacen algunas veces por año, a lo sumo. Y acerca de sentir su sabor... Otros, como yo, piensan en ello todos los días y casi cada hora de cada día... Este sabor es lo que mejor conocemos. Y qué exóticas nos parecen las fresas a su lado... ¿Miedo? No demasiado, me parece. Pero este sabor a nada sobre todas las cosas, este sombrío alcance del perecer... No se muere una vez, al cabo, para terminar. Se muere todos los días, en cada instante de cada día. El niño que yo era está muerto en el adulto que soy, el que era ayer está muerto hoy, o si en mí sobreviven sólo es en tanto en cuanto yo los sobrevivo; cada uno transporta consigo su cadáver, y los viejos amores nunca volverán... La vida es desgarradora porque muere, porque no cesa de morir, allí, ante nosotros, en nosotros, y el tiempo es ese desgarro, esa muerte en nosotros que avanza, que excava, que espera, que amena-

za... ¿Hay que pensar en ello? ¿Hay que olvidarlo? Cuestión de sensibilidad, creo, más que de doctrina. Hay quienes prefieren el Cantar de los Cantares, que allí se sien-
ten en casa, que allí se reconocen, que allí se expanden;
y hay también los que prefieren el Eclesiastés, y soy de
éstos, por cierto. Después de lo cual cada uno inventa la
doctrina que necesita... El Eclesiastés es un libro epicúreo, observa tranquilamente Marcel Conche, y estoy
más o menos de acuerdo. Por eso le gustaba tanto a
Montaigne. Quizá por eso me gusta tanto. Pero finalmente Epicuro no lo leyó ni su autor leyó a Epicuro. La
muerte manda. La vida manda, y basta. «Hay que vivir
la propia vida antes de pensarla», decía Delbos, y sólo
se piensa la vida que se ha vivido. ¿Manda el mundo?
Sin duda, pero cada uno tiene el suyo o por lo menos su
manera de habitarlo. Este frescor luminoso de la mañana, de *esta* mañana, este amigo que canta, este niño que
juega, este calor en el pecho, se diría una felicidad, este
amor, esta dulzura, esta lentitud... No se sabe si hay que
reír o llorar, o, mejor, lo uno y lo otro estarían fuera de
lugar y uno calla, y la vida está allí, simple y difícil, y
continúa, y muere, y la vida es esa muerte de instante en
instante que se niega y se perpetúa, que se supera, que
se inventa y se olvida, que nos lleva y nos arrastra...
Apenas podemos decir que somos, decía Montaigne,
porque no cesamos de cambiar, de ya no ser, de no ser
todavía, porque «nuestro estado es enemigo de la coherencia», porque vamos «resbalando y rodando sin cesar», porque sólo somos un relámpago entre dos no-
ches: devenimos, resistimos, desaparecemos, vivimos,
en una palabra, y esto nos recuerda ese sabor a nada en
la boca o en el alma, ese gusto tenaz a seres mortales...
Alain tiene razón y por lo demás basta seguir a Mon-

taigne: la vida es «deliciosa por sí misma y por sobre sus inconvenientes». Por supuesto, pues todo inconveniente la supone y sólo la puede dañar si es buena. ¿Y quién mejor que Montaigne supo amar la vida como es, con sus dificultades, con sus contradicciones, con sus más o sus menos, y aprobarla? «La vida —escribía— es un movimiento material y corporal, acción imperfecta de su propia esencia, y desordenada; me dedico a servirla tal cual es.» Y no por ello dejamos de morir y la dulzura misma del placer queda como potenciada por la amargura o la escasez. Fragilidad de vivir. Fugacidad de vivir. Es la vida misma y el sabor de la vida. «El duro deseo de durar...» Siempre satisfecho, porque se vive, siempre frustrado, porque se muere. ¿Qué felicidad que no esté amenazada? ¿Qué amor que no esté temblando? Otra vez Montaigne: «Esa cosa tierna que es la vida es muy fácil de perturbar...». Pero ¿quién renunciaría por ello a la felicidad, al amor, a la vida? Lo contrario es más bien lo verdadero, como nos recuerda Gide, buen lector de Montaigne: «Un pensamiento no demasiado constante sobre la muerte no ha concedido bastante precio al menor instante de tu vida». Esta frase, con su torpeza rebuscada o fingida, con su simplicidad, con su verdad, es quizá la primera que he admirado absolutamente. Me acompaña desde la adolescencia. Me esclarece. Me alimenta. Este amargor, siempre... Vivir es morir, y la vida sólo es más bella por llevar en sí a la muerte amarga.

Y después hay la soledad. Es el sabor natural del placer, pues mi placer jamás es el del vecino. Cárcel del cuerpo: prisión del deseo y del dolor. Que en ella no haya relación sexual, como quería Lacan, es sin duda exagerado; pero al cabo cada uno está allí solo, cara al otro, y ningún placer, incluso simultáneo, es común. Soledad de los amantes. Soledad también de los amigos. Se pasean juntos y les separa el mismo universo que los contiene. «¿Ves aquella luz, esa trasparencia, ese reflejo dorado en lontananza?...» Sí. Pero es otra mirada, otra sensación, otra nostalgia. Y esa súbita emoción al escuchar a Mozart... Soledad del arte. Hay también una soledad del dolor y es la misma. Soledad de vivir. Soledad de morir. Soledad: finitud. Nada puede allí la amistad, y además se tiene tan pocos amigos... Se querría ser más amado, lo que sólo confirma que de amor, de amor puro, uno es muy poco capaz. Soledad del amor, del amor inmenso que se espera, de aquel —también inmenso a veces— que se quisiera dar... Pero el amor no se da ni se posee. El amor es una pura pérdida («desdeñoso de su fortuna —dice el poeta—, desligado de sí mismo, desprovisto de todo reino...»), y esta pérdida, esta muy pura pérdida de amar, es la única riqueza, como una luz en el mundo, como una pobreza radiante, como una joya de alegría y de dulzura en la infinita soledad de los vivientes.

Y la decepción. De allí partí y se puede consultar mis libros. Que es decepcionante, siempre decepcionante, es lo que la vida nos enseña con mayor claridad. No, por cierto, que en ella no haya ni gozos ni placeres. Pero no los que se esperaba, o no del mismo modo; tampoco, cuando están allí, conceden la misma dicha que se esperaba cuando no estaban allí, cuando nos faltaban. «*Qué feliz sería si...*», se dice. Pero ningún *si* es real ni quizá ninguna felicidad. De allí esos regustos agrios, a menudo esas flatulencias del corazón o del alma, como una náusea vaga... Releed los poemas de amor que escribisteis antaño o que os enviaban... Y releed, también, los discursos de nuestros políticos e incluso las obras maestras de nuestros escritores. Pensad en vuestra juventud soñadora, en todos esos sueños y proyectos... Hasta los realizados no son como eran. Y el éxito es casi tan amargo como la derrota. Vanidad de todo: verdad de todo. ¿Cómo no estar decepcionados, pues se deseaba sin conocer, pues se tomaba el deseo por un conocimiento? Decepción: desilusión. Es lo mismo y el sabor mismo de la verdad. El amor decepciona. El trabajo decepciona. La política decepciona. El arte decepciona. La filosofía decepciona. Por lo menos decepcionan en primer lugar y por mucho tiempo hasta el día en que se los ama por lo que son, por lo que realmente son, por lo que son a pesar de todo, y no por lo que se había esperado y soñado. Trabajo del duelo: trabajo de la desilusión. No es cuestión de creer: es cuestión de conocer y de amar. ¿Qué nos puede enseñar que tenga importancia acerca de la vida o de la literatura un escritor que aún cree en la literatura? ¿Y un filósofo, si cree en la filosofía? ¿Un músico, si cree en la música? ¿Un pintor, si cree en la pintura? ¿Y cómo amar verdaderamente si se cree en el amor, si se lo ha convertido en religión, en absoluto, en sueño? Toda esperanza decepciona siempre, aunque se satisfaga; por ello la satisfacción con tanta frecuencia es agridulce, como un deseo aventado apenas se lo sacia... Muchos que comprueban que la vida no responde a sus esperanzas le reprochan absurdamente no ser lo que es (¿y cómo va a ser otra cosa?) y terminan enterrándose vivos en el rencor y el resentimiento... Prefiero la gozosa amargura del amor, del dolor, de la desilusión, del combate, victorias y derrotas, de la resistencia, de la lucidez, de la vida en acto y en verdad. Prefiero lo real y la dureza de lo real. Si la vida no responde a nuestras esperanzas, no es culpa forzosamente de la vida: podrían ser nuestras esperanzas las que nos engañan desde el comienzo (desde la nostalgia primera que las nutre) y que la vida entonces sólo pueda desengañarnos... Sabor salobre de la decepción, del cual sólo cura la desesperanza, si es posible, la sapidez agria y muy saludable de la desesperanza. Toda esperanza decepciona, siempre; sólo hay felicidad *inesperada*.

Nos queda el cansancio, que se nos parece tanto, que nos acompaña, que quizá sólo sea la muerte que trabaja, que nos trabaja, o la vida que lentamente se gasta y resiste... Cuánto coraje nos hace falta al cabo... Y la angustia, y la lubricidad (ese gusto por lo obsceno y lo oscuro), y la violencia, y el amor propio... Tantos sabores, tantos sinsabores... Llego al final de estas páginas y tengo la sensación de apenas haber esbozado lo esencial. ¿Qué? Amarga, efímera: la vida misma. Todo lo que no es trágico es irrisorio; en esto la vida es trágica, en esto la vida es irrisoria, y estos dos sabores no dejan de mezclarse, de asociarse, dominando a veces uno al que lo dominaba antes, o bien fundiéndose en él hasta el punto de ser uno... Vivir es una tragedia, vivir es una comedia, y es la misma pieza, y es bella y buena, en todo caso puede serlo, si sabemos vivirla, si sabemos vivirla como es; por lo demás no tenemos otra opción. Hay que amar la vida como es o no amarla. Y en esto reencuentro a Montaigne, a Lucrecio, a Alain, a Spinoza... Amar: aceptar. Soportar, cuando es necesario; gozar, cuando se puede. Sabiduría trágica, la única que no miente. En el fondo, es lo que Freud llama trabajo del duelo, y esto vale más que la religión o que la mentira. Más vale la verdad amarga que el almíbar de la ilusión.

¿Fresa o cerveza? Fresa y cerveza. Dicha y desgracia. Vida y muerte. Placer y dolor. Sabiduría trágica: sabiduría de Heráclito. No se tiene opción y eso significa
la existencia. Lo real se toma o se deja. La vida se toma
o se deja. Y dejarla sigue siendo tomarla, por lo menos
una última vez, tal como tomarla sólo es un modo de
dejarla... El que sólo amara la felicidad no amaría la
vida y por ello se privaría de ser feliz. El error es querer
seleccionar realidad como en los escaparates. La vida
no es un supermercado del cual seríamos los clientes.
El universo nada tiene para vendernos y sólo se nos ofrece él mismo; sólo nos ofrece todo.

¿Para qué? No hay respuesta, y esto suprime la pregunta. Pero no la vida. Pero no el placer. Pero no la felicidad, cuando está allí. ¿Qué felicidad? La única que
queda, fuera de la fe. La que sólo se encuentra a condición de renunciar. La que no se posee. La que sólo se da
en el movimiento de su pérdida, como un amor liberado del amor, como una alegría liberada del miedo, liberada —diría Spinoza— de la esperanza y el temor. Es la
única felicidad que conozco, la única que he vivido a
veces, de tarde en tarde, bastante sin embargo para que
no olvide su sabor a un tiempo amargo y dulce, que me
ha parecido el sabor mismo de vivir, y me lo ha dado.

Tal como la vida sabe a felicidad, la felicidad sabe a
desesperanza.

CAPÍTULO
5

¿Morir curado?

De todos los progresos científicos y técnicos que ha conocido nuestro siglo, y son considerables, ninguno nos toca más cerca que el de la medicina: nuestra vida misma, su intimidad biológica y psicológica se convirtió en objeto de ciencia. El proyecto de la civilización técnica, del cual Descartes formuló tan bien la ambición («convertirnos en señores y poseedores de la naturaleza»), culmina allí, y quizá se cierra, en el dominio del dominador y en el conocimiento objetivo del sujeto que conoce. Nuestros éxitos ahora nos amenazan. ¿Quién dominará el dominio y qué queda del sujeto cuando se convierte en objeto del saber y de la técnica?

Se trata de una verdadera revolución. La medicina, por cierto, es tan antigua, o poco menos, como la civilización: vivir es sobrevivir, y el hombre, que se sabe mortal, porque se comprueba frágil, debió combatir desde muy pronto, como pudo, a tientas y a menudo sin éxito, tal o cual trastorno o enfermedad. Hipócrates vivió un siglo antes que Euclides, y la medicina se pierde, parece, en la noche de los tiempos. Pero esas medicinas, por más estimables o útiles que fueran, nada tenían de científico: sólo en el siglo XIX (en Francia, con Magendie y Claude Bernard) opera la medicina su revolución epistemológica, que producirá efectos poco a poco, para alcanzar en nuestro siglo el asombroso desarrollo que conocemos. ¿Arte? ¿Ciencia? ¿Técnica? Poco importan las palabras y puede que en este caso las tres sean pertinentes. Pero es verdad que lo científico de la medicina no ha cesado de crecer hasta conseguir, hacia mediados del siglo XX, un umbral cualitativo que cambió la vida de todos nosotros. Los viejos médicos aún recuerdan una época, no tan antigua, cuando los medicamentos verdaderamente eficaces se contaban con los dedos de la mano y en la cual el diagnóstico debía todo al examen clínico (sin pruebas de laboratorio, sin imaginería médica...), dependía de la gracia del doctor. Uno recuerda los médicos de Molière y al doctor Knock: «¿Esto le hace cosquillas, esto le inquieta?...». Estamos lejos de todo eso. El examen clínico continúa siendo necesario, evidentemente, y la intuición aún puede ser útil; pero los medicamentos, sobre todo después de la Segunda Guerra Mundial, no han dejado de multiplicarse y también los medios de investigación, y si bien esto alguna vez implica abusos y despilfarros, está claro que sólo cabe felicitarse por los progresos —tanto científicos como técnicos— de que dispone el terapeuta. La medicina moderna salva vidas, por millares, por millones, y eso basta para justificar los medios que se concede. ¿Todos los medios? No es tan sencillo. Como el hombre es su objeto, la medicina está sometida también, y debe estarlo, a exigencias éticas que ninguna ciencia podrá jamás abolir ni reemplazar. ¿Quién aceptaría que se experimente, sin su consentimiento, con «cobayos» humanos? ¿Quién no se preocupa por las posibilidades inquietantes (por ejemplo por las manipulaciones genéticas de las células germinales) que aporta hoy mismo el progreso de la biología? La ciencia —toda ciencia— es sin conciencia ni límites, sin más límite, quiero decir, que aquellos que se propone franquear, que en efecto franquea tarde o temprano y que ya entonces no podrán limitarla. Si se abandonan las ciencias y las técnicas a la mera espontaneidad de su desarrollo interno, hay una sola cosa cierta: según el conocido principio, *todo lo posible será hecho*. Y esto, tratándose del hombre, ya no se puede aceptar. El desarrollo espontáneo (y feliz) de la medicina científica necesita entonces límites externos: deontológicos, éticos o jurídicos, según el caso y lo que está en juego, por lo demás todos necesarios e irreductibles unos a otros. La moral no hace las veces de legislación ni la legislación reemplaza a la moral. Y ninguna comisión de ética podría liberar a nadie, médico o ciudadano, del deber de juzgar. La bioética, como se dice hoy, no es parte de la biología; es una parte de la ética, vale decir (ya que la ética no es un saber) una parte de nuestra responsabilidad sencillamente humana: deberes del hombre para con otro hombre y de todos para con la humanidad.

Estos problemas son hoy de conocimiento público y tanto mejor que así sea. Y razón de más para no detenerse en ellos: son muy conocidos y existe el riesgo de que lleguen a ocupar todo el espacio de la reflexión y que de este modo enmascaren otros problemas, quizá menos espectaculares, sin duda menos nuevos, pero no menos graves. En ello se condensa la modernidad, con sus apuestas y sus peligros. Pero en ello no se juega siempre, ni siquiera con frecuencia, nuestra relación esencial con la medicina o, lo que viene a ser lo mismo, con la salud, la enfermedad, la vida y la muerte. Lo esencial no siempre es nuevo; la novedad no siempre es esencial. La medicina, como disciplina científica, es muy reciente. Pero la vida no lo es. Ni la salud. Ni la enfermedad. ¿Y qué más antiguo que la muerte? Sería necio imaginar que la medicina puede cambiar la totalidad de nuestra existencia, y de esta necedad hay que liberarse en primer término. Recuerdo haber soñado, cuando niño, que la medicina me evitaría morir. Ingenuidad de la infancia. Pero también lo era de la época: se anunciaba entonces, para el año 2000, un cambio completo de nuestra vida y la ciencia aún creía poder reemplazar a la religión. Pasó el tiempo. El año 2000 es hoy y se sigue muriendo, por supuesto, y salud y enfermedad continúan siendo lo que son, estados ordinarios de lo vivo.

Hay que detenerse en esto, un instante. Cuando digo que se sigue muriendo, doy la impresión de estar ignorando un hecho fundamental: el aumento —gracias al progreso de la higiene y de la medicina— de la esperanza de vida y el descenso, que de ello resulta, de la tasa de mortalidad. Se vive más y más tiempo; se muere cada vez menos, dicen. Pero la tasa de mortalidad sólo tiene significado estadístico: relaciona la cantidad de decesos, durante un año, con la cantidad de vivos; mide la frecuencia *social* de la muerte en una época determinada. Es verdad que cada vez se muere menos en este sentido; pero *se* es cualquiera: sujeto impersonal, como muy bien se dice, fantasma estadístico, mera variable anónima en un cálculo. Ahora bien, el que muere no es *se*: muere un individuo, y todos mueren. Si se considera la individualidad concreta de este individuo y ya no su abstracción estadística, sigue siendo verdad que vive más tiempo casi siempre que el que podría haber esperado hace un par de siglos. Pero no muere menos: muere más tarde, pero igual muere. La tasa de mortalidad de todo individuo es muy consistente, es igual a uno. Ahora bien, a esto me enfrento personalmente (a mi muerte, a la de mis prójimos: inevitables) y no a los promedios de los demógrafos.

Es posible que de allí provenga un malentendido entre los pacientes, que somos nosotros, y los médicos que nos cuidan. ¿Qué se les pide? Que nos sanen. Pero eso no siempre es posible y jamás lo es definitivamente. La muerte señala, si no el fracaso, por lo menos el límite de la medicina. Si se trata de otro, te impresiona sobre todo el progreso. Si se trata de ti mismo o de tu prójimo, a menudo los límites pasan a primer plano. Siempre hay niños que mueren, incluso en los países desarrollados, y que la medicina más moderna es incapaz de salvar. Siempre hay ancianos que caducan en la demencia o la orina. Siempre, cancerosos que agonizan. Después estoy yo, y la muerte que me espera. Se muere cada vez menos, pero yo muero igual: ¿cómo aceptarlo, cómo no culpar a los médicos por su ineficiencia?

Se les exige demasiado, por supuesto. Se espera que nos sanen, pero también, oscura, absurdamente, que nos impidan morir. ¿Cómo podrían? Sin embargo ésa es su función explícita: sanar es combatir la muerte en su propio terreno, que es la vida. Pero al fin gana siempre la muerte y todos los progresos del mundo nada cambiarán en esto. Knock tiene razón, por lo menos en este punto: «La salud es un estado precario, que no presagia nada bueno». Es asunto de escala y esto hace sonreír porque aquí resulta desproporcionada. Pero ¿qué importan las proporciones si se trata de toda la existencia? La salud no es una salvación, éste es el punto y lo que impide que la medicina sea una religión.

Como el hombre es mortal, la medicina conlleva su límite o su fracaso. Oficio trágico, entonces, que encara lo peor, casi cotidianamente, y que sólo sabe retroceder en el instante de su derrota última. «La pediatría —me explicaba un pediatra— es, en todo caso, más reconfortante que la geriatría...» Es verdad. Lo peor, por más excepcional que sea, también es más atroz, me parece; este oficio, admirable, me habría destrozado. Pero aceptémoslo. ¿Quién no advierte que la pediatría, gracias a sus mismos éxitos, ofrece clientes a los gerontólogos y sin embargo no priva de ninguno a los sepultureros? Medicina, ¿dónde está tu victoria?

«En relación con todas las otras cosas —decía Epicuro—, es posible conseguir seguridad, pero, debido a la muerte, nosotros, todos los hombres, habitamos una ciudad sin murallas.» Es la ciudad del vivir. ¿Sin murallas? Digamos que no tiene más murallas que sí misma y que a eso se llama salud. Bichat podía parecer más cercano a la verdad, o más médico, con su famosa definición: «La vida es el conjunto de funciones que resisten a la muerte». Es lo mismo que decir que la suponen y que el tiempo y la entropía juegan contra ella. Lo cual, en fin, da la razón a Epicuro: la vida no tiene murallas, porque las murallas son la vida misma y están destinadas, siempre, a la destrucción o a la nada.

Pero que no se extraiga demasiado pronto una conclusión negativa, que no estaba en el espíritu de Epicuro. El que la vida sea mortal no es una razón para amarla menos. ¿Acaso no es una para amarla más? Eso se
puede pensar, y sin embargo Epicuro no lo dice. El que
los dioses puedan aburrirse de su inmortalidad es una
idea moderna que por sí sola demuestra nuestra desgracia. ¡Qué poco o mal se debe amar la vida para imaginar que uno se puede cansar de ella! Los griegos, por
lo menos esos griegos, pensaban que la muerte no alcanza a lo esencial de lo viviente, porque lo suprime:
«Cuando somos —decía Epicuro—, la muerte no está
allí; y cuando la muerte está allí, ya no somos». ¿Cómo
podríamos encontrarnos la muerte y yo? La muerte
nada es para los vivos, porque son, ni para los muertos,
porque no son. La amplitud de su victoria entonces nos
conserva: la muerte nos destruye sin alcanzarnos. Su
misma nada —si sabemos pensarla estrictamente— nos
debería disuadir de temerla. Temer la muerte es temer
nada, y esto define bastante bien la angustia y nuestra
locura. No hay que derrotar a la muerte —porque no se
puede—, sino al temor que nos inspira. La sabiduría,
no la salud, es el remedio. La filosofía, no la medicina,
el camino. Se trata de vivir, y de vivir feliz si podemos.
Pero ¿cómo podrían lograrlo los mortales (a menos que
se entregaran a ilusiones) sin aceptar la muerte?

Es lo que no sabemos hacer. Narciso enloquece ima-
ginándose ausente, y llora, como un tonto, al borde de
su tumba... Tontamente, porque la tumba está vacía y
porque ya no estará allí cuando esté llena... Esta tontería es la nuestra; nos posee, nos constituye, nos desgarra.
¿Cómo vamos a estar serenos, cómo seremos felices, si
el presente no nos basta, si nuestra vida inquieta, como

decía Séneca, citando a Epicuro, «se inclina por completo hacia el porvenir»? La muerte debe poner allí un punto final, y hacia él corremos, sin embargo, de esperanza en esperanza. «¿Qué sucederá? —se pregunta Séneca—. Tienes tus ocupaciones y la vida se apresura; en sus entresijos estará la muerte y a ella, a gusto o a disgusto, habrá que entregarse.» La muerte sólo nos priva del porvenir; por ello, a casi todos, nos parece que nos priva de lo esencial.

Pues no hay sólo la muerte: hay todo lo que allí conduce, que se le parece, que la prepara... Vivir es envejecer, y envejecer, decía Montaigne, es morir por fragmentos. Contra lo cual la medicina nada puede, o casi nada, aunque se le exija locamente detener el tiempo (basta notar el caso de la cirugía estética). Envejecer no es una enfermedad o bien la vida sería una. Lo que no impide combatir las arrugas, si se lo desea, ni *a fortiori* los asaltos más graves o más debilitantes de la edad, si se puede. Pero esa empresa, aunque la corone el éxito, no puede evitar que evolucionemos, que cambiemos, ni que por ello perdamos de instante en instante al que fuimos. La vida sólo es un suceso, entre otros, del devenir universal: todo cambia, todo desaparece, y nuestro cuerpo sólo acompaña este movimiento, donde se pierde. El niño muere en el adulto, como el joven en el viejo. ¿Y quién no prefiere la juventud? La vida es lo contrario de una utopía, porque se envejece, porque se muere. Así pues, no se puede amarla tal cual es —es decir, amarla— si no se renuncia a la utopía. Si no aceptas la muerte, explica Montaigne, ¿cómo podrías amar la vida, que allí conduce? Comprendo que la vida es lo que vale: la muerte, leemos en los *Essais*, «es el término, no la finalidad de la vida; es su fin, su extremo, pero no su objeto». Filosofar es aprender a vivir, no a morir. ¿Por qué aprenderíamos a morir, por otra parte, ya que estamos seguros de llegar allí, ya que es el único examen, como decía un viejo profesor, que nunca nadie ha dejado de dar? Montaigne, después de haber pensado en ella siempre, para acostumbrarse, estimaba finalmente más sabio, al final de su vida, no preocuparse, sencillamente dejarla venir, como hacen nuestros campesinos, decía, que mueren tan bien como cualquiera. «Si no sabes morir, no te inquietes; la naturaleza te informará sobre la marcha de modo pleno y suficiente.» Vivir es más difícil, o la naturaleza nos deja más desprovistos ante la vida. Nadie ha fracasado nunca en su muerte, pero en la vida... ¿Y cómo vivir, por lo menos cómo vivir feliz, sin aceptar la trama misma de nuestra existencia que es el tiempo que pasa y la vida que se deshace? «La muerte es el objeto necesario al que apuntamos —escribe Montaigne—; si nos espanta, ¿cómo es posible dar un paso adelante sin fiebre? El remedio del vulgo es no pensar en ello...» La medicina nos puede ayudar en esto, pero sólo es entonces un divertimento como cualquier otro. Nunca esto fue más verdad que hoy: el hospital aleja la muerte, la deja a los otros, hasta tal punto que se termina por olvidarla. «¿Morir? ¡No piense en eso! Ya no fumo y tengo un buen médico...» ¡Pobres niños que somos! Otros, contra la angustia, se llenan de ansiolíticos, otros se aturden con el trabajo o el placer... Fingen que no mueren y a eso llaman salud.

«De cualquier modo —me decía un amigo—, no contagiarse de sida no es un objetivo suficiente en la existencia...» Tenía razón, por supuesto. Como tampoco lo es evitar el cáncer o el infarto. Pero ¿cuántas vidas, a fuerza de querer evitarlos, se consagran así por entero a la muerte? Esto es perder la vida queriendo salvarla. ¿Vivir peligrosamente? No es el problema. El mero vivir es peligro bastante. Aun así, mejor aceptarlo que rehuirlo. La higiene o la prudencia, por más necesarias que sean, no reemplazan a la sabiduría, ni el miedo a la muerte el amor a la vida. Lucrecio se refiere en alguna parte a esa gente que se da muerte para escapar de la angustia que les inspira. Hay otros que viven así, lo que viene a ser lo mismo que un prolongado suicidio diferido: toda una vida a la sombra de la muerte...

¿Cómo escapar? Viviendo a pleno la verdad: aceptando la vida tal cual es, si se puede, aceptando entonces también la muerte, la vejez, la enfermedad... Y aceptando la angustia y el horror, si no se puede.

«*Si vis vitam* —decía Freud, modificando el conocido adagio latino—, *para mortem*.» Si te crees capaz de soportar la vida, estás dispuesto a aceptar la muerte. Epicuro no decía otra cosa, ni los estoicos ni Montaigne. Decir sí a la vida es decir sí a su finitud, a lo que incluye necesariamente de fracasos y frustraciones: decir sí a la vida es decir sí a la enfermedad y a la muerte. No, por cierto, que todo sea equivalente. Es obvio que la vida vale más que la muerte, que la salud vale más que la enfermedad, y esto justifica la medicina. Pero el asunto es saber qué se hace cuando no hay salud, cuando la medicina no consigue devolvérnosla, cuando la muerte es el único porvenir posible. «Luchó hasta el fin», se dice a veces. Muy bien. Pero ¿se está diciendo que nunca halló la paz y el reposo? ¿Fue menos vencido? ¿Menos desgraciado? Murió en estado de guerra: su último instante fue su última derrota. ¿No se puede desear otra cosa?

¿Combatir la muerte? ¡Por cierto! Pero ¿hasta cuándo? ¿Hasta dónde? Se me ocurre pensar que la combatiríamos mejor si la temiéramos menos, tal como sabríamos cuidarnos mejor si aceptáramos un poco más estar enfermos. Esto también vale para el prójimo: ¿cómo ayudar sin aceptar? Pero el primer movimiento, ante el horror, es de rechazo, siempre, y es lo que los médicos —a veces diciendo la verdad, a veces no diciéndola— deben superar primero. No hay receta: cada uno se las arregla como puede, y sé, por experiencia, cuán asustados y desprotegidos estamos ante lo peor. El mundo se derrumba ante un niño enfermo. El coraje no basta. La filosofía no basta. ¿El amor? Sucede que sólo sea una tortura suplementaria. Aceptar también esto: nuestra debilidad, nuestro terror, nuestra incapacidad de aceptar. La felicidad debe menos al coraje que al azar; menos, incluso, a la sabiduría que al azar. La etimología lo dice, la vida lo confirma: estar feliz es en primer lugar tener la dicha (la suerte) de serlo. Y no porque la voluntad nada haga, ni la razón. Pero la voluntad no puede todo; la razón no puede todo. ¿Y quién escoge tener más o menos dicha? ¿Quién se escoge a sí mismo? El azar decide: lo que los griegos llamaban destino, que nosotros llamamos suerte (cuando nos sonríe). Cada uno sabe que ella no basta. Pero ¿quién puede prescindir de ella? La vida decide: el horror decide. Para cada ser hay lo que puede soportar y lo que no puede. El destino es entonces lo más fuerte, siempre; sólo lo ignoran aquellos a los que no ha tocado. ¿Qué padre no tiembla por su hijo? ¿Qué madre? ¿Quién apuesta a su propio coraje cuando hay que morir? ¿Y a cuántos ha quebrado demasiada atrocidad, súbita o lenta? Pero al fin lo real manda y esto distingue la medicina de la hechicería.

¿Morir curado? Esta paradoja vale como refutación, por cierto: la medicina no basta, la salud tampoco, porque se muere. Pero también podría valer como llamado al orden o como indicación de un camino. Si la enfermedad es lo contrario de lo normal, como es habitual pensarlo, hay que extraer las consecuencias: la vejez no es una enfermedad, porque es normal que se envejezca y se muera. Que se pueda morir con buena salud no es, entonces, ni absurdo ni contradictorio. Envejecer y morir forman parte de nuestro destino ordinario, de nuestra normalidad biológica. ¿Qué más natural que un cadáver? Yo iría más lejos: la enfermedad, en este sentido, no es una enfermedad, quiero decir que es normal que enfermemos a veces, normal que no estemos siempre absolutamente «normales», absolutamente «sanos»; y lo fuera de las normas sería una vida protegida de toda patología, protegida, *a fortiori*, de la muerte. La salud no es un imperio en un imperio. Lo normal y lo patológico no son dos mundos diferentes, sin los cuales no se podría ni enfermar ni curarse. Son dos estados ordinarios de lo viviente, por lo demás imposibles de separar de manera absoluta: la enfermedad forma parte de la vida, de sus capacidades de adaptación, de su fragilidad esencial, y por ello, como dice Canguilhem, «la amenaza de la enfermedad es uno de los constituyentes de la salud». Con lo cual topamos con Knock, si se quiere, o bien con Jules Romains, y esto no injuria ni a Canguilhem ni a la medicina. La salud es evidentemente el estado normal de lo viviente, pero es normal que haya distanciamientos de la norma y por ello las excepciones (las enfermedades) no cesan de confirmar la norma (la salud) que suponen y transgreden. Se dirá que juego con las palabras, porque la *normalidad* de la enfermedad, puramente fáctica, no es normativa. Quizá. Pero el hecho sigue siendo la norma última para todo viviente y hay que someterse a ella. La *normatividad biológica*, como dice Canguilhem, continúa operando, por lo demás, en el corazón mismo de la enfermedad, y por ello ésta continúa siendo una forma de la vida. Pero no puede encerrarla: la enfermedad no demuestra nada contra la salud ni la muerte contra la vida.

Gran fórmula de Montaigne: «No mueres porque estés enfermo, mueres porque estás vivo». Y el mismo motivo te enferma, cuando te enfermas. Sencillamente, «los males tienen su período, como los bienes»: toda vida se hace y deshace en este paso. ¿Hay que renunciar entonces a cuidarse? Por cierto que no, y Montaigne, que tanto amaba la salud («el regalo más bello y más rico —decía— que la naturaleza nos ha hecho»), sólo desconfía de los remedios de su tiempo porque se apegaba a su salud. ¿Quién puede decir que se equivocaba? No iba a dejar en manos de cualquiera «la bella luz de la salud, tan libre y tan plena», como dice con tanta gracia. Lo que no le impidió ir a las termas (sufría de cólicos nefríticos), y no dudo de que habría obedecido a sus médicos si hubieran valido lo que los nuestros. Pero cuidarse no es todo y ningún médico podría vivir —ni morir— en lugar de nosotros.

Los antiguos utilizaban gustosamente la filosofía como medicina: era la medicina del alma, cuya sabiduría sería la salud. Nosotros ya no podemos creer tal cosa, no sólo porque la medicina se ha tornado científica, lo que ninguna filosofía podría ser, sino también porque el alma ha encontrado sus terapeutas, que no son filósofos. Y de un golpe nuestros contemporáneos han cometido, gustosamente, el error contrario: la filosofía ya no les parece una medicina, pero creen que la medicina puede reemplazar, y con ventaja, a la filosofía... «Doctor, me siento triste, angustiado, deprimido... ¿no me podría dar algo?» Y a esperar la felicidad en píldoras o en sobres...

Esto es confundir dos territorios diferentes. No puedo estar más convencido de que la salud es gran cosa. ¿Más importante que la filosofía? Por supuesto, puesto que la condiciona. ¿Quién puede filosofar si está loco, si le desgarra la angustia o el dolor? Soy como Montaigne: la salud me importa más que la sabiduría o la gloria, y más que todo. «Por cierto que no tengo a tal punto el corazón hinchado —se lee en los *Essais*—, ni tan ventoso, que vaya a cambiar un placer sólido, carnoso y jugoso como la salud por un placer imaginario, espiritual y aéreo. La gloria, incluso la de los cuatro hijos de Aymon, resulta muy cara si la compra un hombre de mi humor y cuesta tres buenos ataques de cólico. ¡La salud, por Dios!» Todo lo demás viene después, porque todo lo demás depende de ella. Pero hasta la más hermosa mujer del mundo, como se dice, sólo puede dar lo que tiene. ¿Cómo nos va a dar felicidad la salud? ¿Cómo podría conseguir eso? La desgracia no es una enfermedad (aunque una enfermedad pueda volvernos desgraciados), y la salud nunca ha bastado para la felicidad de nadie. Uno de mis amigos, psiquiatra y psicoanalista, me cuenta que muchos pacientes van a verlo porque «hacen», como ellos dicen, una depresión. «Los recibo —me explica—, los escucho y en muchos advierto que no están más deprimidos que tú o que yo, en todo caso que no están enfermos. Sencillamente son desgraciados y a menudo por razones muy respetables y muy buenas: porque viven con un hombre o con una mujer que ya no aman, que ya no los ama, o porque el compañero los engaña, porque trabajan en algo que los hastía o los agota, o bien porque carecen de trabajo, les falta dinero, tiempo, amigos, porque están inquietos por sus hijos, por su futuro, porque están cansados, porque envejecen, porque tienen miedo de morir... ¿Qué puedo hacer por ellos? ¿En qué sentido están enfermos? ¿Los voy a hacer inmortales, ricos, felices? Por supuesto que no los expulso, pero trato de que comprendan que no necesitan medicina, ni siquiera psicoterapia...» De hecho, estar triste en esas condiciones es una reacción normal y más una señal de salud que un síntoma. Lo asombroso sería que se sintieran felices cuando todo les va mal en una vida tan difícil, tan complicada, tan frustrante. En tal caso habría que pensar en una euforia morbosa, que podría llevar a un ataque delirante y quizá justificar un tratamiento... Pero ¿y el sufrimiento cuando no hay razón alguna para estar feliz? ¿Cuando las hay, y fuertes, para sentirse desgraciado? ¿Qué más normal? Lo que no impide que se pida auxilio a la medicina cuando la angustia y la tristeza lo invaden todo. Pero sería un error contentarse con eso: hay que cambiar también la vida, si se puede, o la mirada sobre la vida o sobre uno mismo... ¿Cómo podría bastar la medicina? Ahora, los que verdaderamente sufren de depresión por supuesto que tienen razones para hacerse tratar (lo que no todos hacen, sin embargo...), pero se equivocan si confunden la cura con la felicidad e incluso si esperan ésta de la otra. El psicoanálisis, decía Freud, más lúcido no sirve para hacer feliz: sirve para pasar de un sufrimiento neurótico a un dolor trivial... Cito esta frase, quizá desfasada (porque parece que el psicoanálisis no está indicado para la depresión), por la humildad, lucidez y coraje que expresa y por el desmentido que opone a derivaciones ulteriores. Pues algunos discípulos de Freud, en efecto, parecen creer que la cura —como la Revolución según Saint-Just— «sólo se debe detener en la perfección de la felicidad». Lo que significaría que jamás se detendría, lo cual sería muy cómodo para los terapeutas que de ello viven... Pero ¿es esto justo?

El problema va más allá del psicoanálisis. Vivimos en una sociedad cada vez más medicalizada, donde la medicina, si no atiende a ello, o mejor la ideología panmédica, propende a reemplazar la relación con el mundo, con los otros, con uno mismo; en otras palabras, a hacer las veces de cultura, por no decir de moral o de religión. Esta ilusión, que proviene del siglo xix, es también un peligro. Someter el pensamiento a la salud, como quiso hacer Nietzsche (lo que François George llama graciosamente «pensamiento sanitario»), es traicionar el pensamiento o engañarse acerca de él. La salud no prueba nada: una ilusión que permite vivir no es menos ilusoria por ello; en cambio, una verdad que nos enfermara no dejaría por ello de ser verdadera. La verdad no está ni para la felicidad (Renan: «Podría ser que la verdad fuera triste») ni para la salud: no está allí *para*; está simplemente, y hay que encararla. Si nos hace sufrir, más vale aceptar ese sufrimiento, si se puede (y aquí Freud y los filósofos están de acuerdo), que transigir con ella. Por lo menos, desde un punto de vista ético, hacia eso hay que tender; cada uno probará según sus fuerzas y coraje.

Voltaire, en el fondo, en una *boutade* que no se puede aceptar, y más curiosa por eso mismo, quizá sugiera lo esencial: «He decidido ser feliz —decía— porque es bueno para la salud». La fórmula resulta agradable, pero por la misma razón que la torna falsa: confunde los órdenes e invierte las prioridades. La salud está al servicio de la felicidad, por lo menos puede estarlo, y no la felicidad al servicio de la salud. Ni razón sanitaria, entonces, ni ética higiénica: la salud no es la finalidad y de ningún modo es el camino. ¿El camino? La vida, ella sola y completa. Forma un bloque: no hay vida sin enfermedades, no hay vida sin muerte. La salud no es la felicidad, la medicina no es una filosofía y ningún medicamento puede hacer las veces de sabiduría.

«El gran elemento ético en el trabajo psicoanalítico —decía Freud— es la verdad y siempre la verdad.» Esto también vale, y más generalmente, para el trabajo de vivir si se quiere hacer de ello algo distinto a una prolongada y vana profilaxis. No hay vacuna contra el peligro de vivir, no puede haberla, y sería peor que el mal. La vida es el camino, decía; pero hay que recorrerlo de verdad. ¿En nombre de qué? En nombre de una determinada idea del hombre (en cuanto es capaz de verdad: en cuanto es espíritu) y en nombre, también, de una determinada idea de felicidad.

No sólo se trata de no sufrir; entonces el suicidio sería siempre la mejor solución. Se trata de vivir, lo más posible, lo mejor posible: se trata de ser feliz, cuanto se pueda, y por cierto que siempre sólo un poco. Este *poco*, sin embargo, no es todo ni es nada. ¿Quién llamaría «felicidad» a un bienestar sólo alimentado de drogas o de ilusiones? Que esto sea necesario a veces, tristemente necesario, está suficientemente claro. Que pueda bastar no es aceptable. No hay verdadera felicidad si no es en una relación feliz con la verdad. ¿Feliz? Es decir, amante, si se entiende por amor, como hace Spinoza, la alegría que nace de lo que conocemos. Es el amor verdadero de lo verdadero y el único contenido de la sabiduría. La verdadera vida no está en otra parte, la verdadera vida no está ausente: la verdadera vida es la vida verdadera.

Ojalá la salud nos dé bastante fuerza y por bastante tiempo para saborear una felicidad que la salud sola no nos puede aportar.

Y ojalá podamos, los que la extrañarnos —todos nosotros, tarde o temprano—, encontrar suficiente amor a la vida (en el fondo: suficiente felicidad o recuerdo de felicidad) para perdonarle no ser inmortal ni invencible.

La vida hace lo que puede, todo lo que puede: salud y enfermedad sólo son dos formas de ese esfuerzo de vivir, como dice aproximadamente Spinoza, que es la vida misma. ¿Cómo podría reemplazarla la medicina o hacernos prescindir de ella?

CAPÍTULO
6

El suicidio

¿Qué decir del suicidio? ¿Qué decir si ya no hay más que decir? ¿Y a quién cuando ya no hay nadie que escuche? No hay que confundir suicidio con tentativa de suicidio. El éxito, en este caso, cambia la naturaleza del acto, porque lo cumple, porque es lo único fiel a su definición: un suicidio malogrado no es un suicidio como un matrimonio malogrado sigue siendo, no obstante, un matrimonio. Éxito. No temo esta palabra. Que todo suicidio sea un fracaso es una perogrullada que nada dice. ¿Comprobación de fracaso? En rigor, aunque se pueda comprobar esto sin suicidarse, y suicidarse, quizá, sin comprobarlo. Los estoicos veían en él más bien el éxito definitivo, que venía a clausurar, en el sabio, toda una larga serie de triunfos. ¿Por qué no? El suicida no muere más que los otros ni más pronto que muchos. Muere de un modo distinto, por cierto, porque muere voluntariamente. Por ello, también, a veces muere mejor.

El error estaría, como casi siempre, en generalizar demasiado. Está claro que algunos suicidios son patológicos. La depresión es una enfermedad como otras, que se cuida y que mata. El suicidio no es su remedio; es su síntoma más grave. Pero no soy psiquiatra ni terapeuta. El problema que el suicidio plantea al filósofo es el de la muerte voluntaria. Supone que el individuo esté en condiciones de hacer su voluntad y que esa voluntad sea suya. Sé muy bien que no es tan sencillo. ¿Acaso me pertenece mi voluntad o ella y yo pertenecemos a mi cerebro? Leí en alguna parte que una sustancia química, una vez instalada en las sinapsis, provoca ideas de suicidio *por ahogamiento*... Esto debería volver modesto, sobre todo al filósofo. Pero el pensamiento no deja de existir por ello: esta química vale lo que otra, y el cerebro también es sensible a los argumentos; la experiencia lo demuestra. Modestia y confianza pueden ir a la par: modestia ante el cuerpo, confianza ante lo verdadero. Corresponde a los médicos como a los filósofos y a los filósofos como a cualquiera. Estoy convencido de que el cerebro es el que piensa; pero sería una inferencia muy curiosa que por ello se renunciara a pensar... La química está sometida a la lógica tanto como —por lo menos tanto como— la lógica a la química. Siempre es el cerebro el que piensa; siempre es el cerebro el que decide. Lo cual no demuestra nada, sin embargo, contra sus pensamientos ni contra sus voliciones. El suicidio no sólo es un síntoma: también es un problema y una opción.

Muerte voluntaria, decía, y el problema está allí. Dejo aparte los casos de demencia, de psicosis, de depresión y en general todos los suicidios que se imponen a la voluntad y no son opciones de ésta. ¿Es la mayoría de los casos? No sé. Pero la sabiduría exige que nos ocupemos primero de lo que depende de nosotros, como decían los estoicos, y entonces —porque no soy médico ni estoy enfermo actualmente— del suicidio como acto voluntario. El suicidio, entonces, como decisión y no como patología, como opción por lo menos posible, el suicidio en tanto depende de nosotros, éste es el problema, el de cualquiera. Recordemos que Camus veía en él «el problema fundamental de la filosofía», lo que siempre me ha parecido una exageración. Pero ¿quién puede negar que sea un problema y un problema filosófico?

La expresión «muerte voluntaria» es equívoca. El suicida no escoge morir (es una opción que no se tiene: hay que morir de todos modos), sino morir *ahora*. ¿Cuántos harían esta elección si pudieran escapar de la nada? ¿Cuántos adelantarían la hora de su muerte si pudieran no morir jamás? Lucrecio ya había advertido —antes, parece seguro, de suicidarse él mismo— que es la certidumbre aterradora del deceso lo que a muchos vuelve odiable la vida, hasta el punto, a veces, de que se dan muerte para escapar por fin de la angustia que les inspira... Sin contar con que la perspectiva ineluctable de la muerte impide esperar, como la de la vejez, que el tiempo trabaje en favor de nosotros, que las cosas acaben, como dicen, por arreglarse. Si fuéramos inmortales, podríamos pensarlo, y esperar, esperar... Pero ¿para qué, si sólo la muerte es cierta? ¿Si sólo la vejez, o el sufrimiento, nos separan de ella? En esto se apoyan los procesos falsos a los suicidas —que habrían traicionado la vida, adoptado el partido de la muerte...—, aunque no estén en condiciones de inquietarse por ellos, aunque no les alcancen. ¿Es culpa de ellos que toda vida sea mortal? ¿En qué han traicionado más a la vida que la vida a ellos? Suicidarse no es optar por la muerte (no

se puede escoger morir como no se puede escoger nacer), sino por el momento y el modo de la muerte. Es
un acto oportunista, esencialmente relativo (no es lo
mismo suicidarse a los 20 años que a los 60, cuando se
está enfermo que cuando se goza de buena salud...), y
de ningún modo el absoluto que a veces se quiere ver.
Se trata ni más ni menos que de ganar tiempo sobre lo
inevitable, adelantarse a la nada, ganar en velocidad, si
se quiere, al destino. El suicidio no es la infamia que algunos condenan ni la apoteosis que otros proclaman.
Evitemos alabanzas y diatribas. El suicidio no es un sa-
crilegio ni un sacramento, ni una apoteosis ni una apos-
tasía. Es un camino que se atraviesa, sencillamente, el
más breve, el más radical, una huida sobre nada, una
anticipación de lo ineluctable. El atajo definitivo.

Los antiguos eran más razonables que nosotros en
esto. Platón, tan ávido de morir por otra parte (¿o sería
por ello?), es casi el único del que sabemos que convir-
tiera el suicidio en asunto prohibido. Los estoicos, por
el contrario, veían en él, cuando morir parecía necesario, la muerte más digna del filósofo, la más libre, la más
razonable. Epicuro no fue tan entusiasta sobre el tema.
Sólo aconsejaba —por amor a la vida y a los placeres—
que siempre se mantuviera presente la *posibilidad* del
suicidio. Pensaba que afirmar que no vale la pena vivir
la vida es una tontería; el primer placer a mano debe curar a todo hombre que la muerte no enloquece. Y los
placeres son tan numerosos, están tan al alcance de la
mano... El que escupe a la vida, el que lamenta haber
nacido, o finge lamentarlo, con ello mismo se refuta
(¿acaso ya no está muerto?). Aunque moleste a Cioran

y a los nihilistas de hoy, haber nacido no es un inconveniente: es una suerte, un placer, y el cuerpo lo sabe muy bien. Materialismo: hedonismo. Este epicureísmo es de todos los tiempos. La vida es buena y ella sola lo es; no hay muchas razones, observaba Epicuro, para dejarla. Sucede que también es posible lo peor, que lo peor a veces llega (¿lo peor?, lo que no se puede soportar dignamente: el sufrimiento atroz o durable, la decadencia o la ruina, la desventaja intolerable...), y entonces el suicidio, con mayor facilidad que la sabiduría, sirve para evitarlo. Se dirá que la facilidad no es un argumento. Sea. Pero nuestra debilidad sí que lo es o, más bien, los argumentos sólo valen en tanto tengamos la fuerza para seguirlos. El sabio, quizá, nunca necesita el suicidio. Pero nosotros, que no somos sabios, que jamás lo seremos, es bueno que mantengamos presente la salida siempre posible que nos ofrece. Es una prenda de serenidad, de libertad, de felicidad. «Nada hay que temer en la vida —explicaba Epicuro— si se ha comprendido que nada hay que temer en la muerte.» El suicidio permite evitar lo que no se es capaz de soportar (es un analgésico soberano y sin riesgo de acostumbramiento). Por ello la idea de suicidio, si se la piensa serenamente, forma parte de las que tranquilizan o que ayudan a vivir (constituye un ansiolítico cómodo y, en un hombre sano, sin efectos secundarios). En suma, observa Epicuro, «la necesidad es un mal, pero no hay ninguna necesidad de vivir bajo el imperio de la necesidad». Lo que no quiere decir, por supuesto, que haya que suicidarse para ser libre, cosa que Epicuro nunca dijo ni pensó. Pero sí que la permanente *posibilidad* del suicidio torna voluntaria la vida entera: no se puede elegir haber nacido o tener que morir y ser mortal, pero sí vivir más o menos tiempo, continuar o no viviendo. Por esto la idea del suicidio forma parte del arsenal del hombre libre. «El que aprendió a morir —dirá el epicúreo Montaigne— dejó de ser esclavo.» No que sea necesario suicidarse para ser libre, insisto: ¿qué absurdo más evidente? Pero hay que saber que se puede para no olvidar que se es libre. Quien se prohíbe a sí mismo el suicidio hace de su vida una fatalidad: quien consiente en la idea, un acto.

Se dice que Diógenes, ya muy anciano, se suicidó dejando de respirar voluntariamente. El hecho, que sin duda es legendario, ofrece no obstante una noción bastante bella de la libertad.

Aquéllos no se apegaban más a sí mismos que a la virtud ni a la vida más que al coraje.

Otros tiempos, otras costumbres. Dos mil años de cristianismo convirtieron al suicidio en pecado, evidentemente mortal en todos los sentidos del término y por lo tanto sin remisión. Los mismos —su caridad es implacable— condenaron la eutanasia en cualquier circunstancia y por idénticas razones. Los dos actos, de hecho, son vecinos: el suicidio suele ser la eutanasia de uno mismo; y la eutanasia, en nuestra sociedad, sólo es, casi siempre, una asistencia al suicidio. Advirtamos, sin embargo, que el suicidio plantea menos problemas, es menos susceptible de derivaciones o de perversiones. Si se llegara a legalizar la eutanasia, cosa que yo deseo, implicaría todo tipo de barreras y de controles a un tiempo deontológicos (para los médicos) y jurídicos (para todos). Por eso, además, haría falta una ley: porque nada es peor, en estos dominios, que una ley inaplicable, como lo es la actual, que se viola impunemente en nuestros hospitales, como todo el mundo sabe, pero sin control de ninguna especie ni *a priori* ni *a posteriori*. ¿No entraña esta situación llevar demasiado lejos el poder y la responsabilidad de los médicos? Pero volvamos a nuestro tema. Tratándose del suicidio, todo es más sencillo, porque nada tienen que hacer allí ni el derecho ni los médicos. Sólo me concierne a mí y nadie podría pretender, sin caer en el ridículo o en el abuso de poder, y si yo estoy en mis cabales, prohibírmelo. ¿Cuál es la sanción posible, si tiene éxito? ¿Cuál la aceptable, si fracasa? El suicidio es un derecho absoluto precisamente porque se burla del derecho. Es la mínima y la máxima libertad.

Montaigne, en este caso como en otros, es el mejor maestro, hasta en sus vacilaciones. ¡Qué locura sería encerrarse en alguna doctrina de la muerte! Pero no varió nunca (lo que mostró en aquellos tiempos, dicho sea de paso, una bella independencia de espíritu, y coraje nada escaso...) en la reivindicación o, mejor —pues la reivindicación no corresponde a su estilo—, en la tranquila afirmación de un derecho al suicidio. Cita a Epicuro: «Si bien es malo vivir necesitado, por lo menos no hay ninguna necesidad de vivir necesitado. Nadie está mal por mucho tiempo si no es por su propia culpa...». Por lo que cada uno es responsable de sí mismo e, incluso sin haberlo querido, de su propia existencia. Nadie escogió nacer, pero nadie vive sin quererlo. Sucede «que en el peor de los casos —como dice Montaigne en otro ensayo— la muerte puede poner punto final cuando nos plazca y así acabar con todo inconveniente». Lenguaje sabroso y pensamiento análogo... Pero en el tercer ensayo del libro II se hallan los más extensos co-

mentarios, y los más hermosos, que Montaigne consa-
gra al suicidio. Me gusta que sea tan libre, mesurado,
sereno. «El sabio vive tanto como debe —escribe si-
guiendo a los antiguos—, y no tanto como puede: el
regalo más favorable que la naturaleza nos ha hecho,
privándonos de todo medio de quejarnos de nuestra
condición, es habernos dejado en libertad.» Y continúa, muy cerca de Epicuro y de los estoicos: «Nos puede faltar tierra para vivir, pero no tierra para morir... Si
vives penando, tu cobardía está en juego; para morir
sólo basta quererlo». De ningún modo está diciendo
que el suicidio se imponga como un absoluto ni menos
aún que valga por sí mismo. La vida vale, ella sola. Pero
hace falta que se pueda vivir, y en condiciones humanamente soportables; de las cuales nadie es señor, salvo
para morir. «La vida —observa Montaigne— depende de la voluntad de otro; la muerte, de la nuestra.»
Es la porción inalienable de nuestra soberanía. Tal como
la muerte transforma la vida en destino, así la posibilidad del suicidio transforma el destino en libertad.

    ¿Es entonces el suicidio una panacea? En un senti-
do, sí, ya que «la muerte —continúa Montaigne— es la
receta para todos los males». Lo cual no es razón, sin
embargo, para abusar de ella, ni para recomendarla a
cualquiera. Si hay remedio en ello, es demasiado extremo para que se midan con ligereza sus indicaciones y
es, evidentemente, una prescripción que sólo uno mismo puede hacerse a sí mismo. «Para las enfermedades
más fuertes, los más fuertes remedios», escribe Montaigne; pero yo agregaría únicamente para ellas. Sería
desproporcionado aplicar un tratamiento tan pesado,
tan definitivo a la menor bobada del cuerpo o del alma.
Como amputar el brazo porque se quebró una uña...

Por mi parte, no tengo prisa por morir y preferiría, de todos modos, no tener motivos para colaborar en ella con mi propia mano. Este tipo de decisión pesa, y sueño con un final más leve o más despreocupado. Si alguna vez, rara vez, he soñado con el suicidio, ha sido ante una amenaza precisa, una desventaja inaguantable que parecía anunciarse, algún horror que no me sentía capaz de soportar. Pero la salud siempre me ha parecido más deseable, y suficiente cuando es buena. Me parece que querer la muerte es darle demasiado crédito; basta aceptarla, y vale más. La deseo, por cierto, indolora, como todos nosotros, pero también imprevista, involuntaria, incluso inconsciente si se puede. ¿Falta de grandeza? Sea. Pero la grandeza me importa menos, en ese último instante, que el descanso. ¿Ver la muerte cara a cara? ¿Para qué, si nada hay que ver? Saberse mortal, sí. Pero ¿es necesario ese vivir muriendo? Nunca he creído que toda una vida se pueda juzgar a su término. ¿Por qué situar más alto al anciano que al joven, al agonizante que al sano? ¿Una muerte heroica? Se la dejo a los héroes. Me convendría más una muerte sencilla y suave, una muerte impremeditada y fortuita, como dice Montaigne acerca de otra cosa. Pero ¿quién escoge? ¿Y para qué programar? En estas materias creo bastante en las virtudes de la improvisación. Esto nos trae de vuelta al suicidio. Rumiarlo sin cesar me parece muy romántico, y también exagerado, como, en sentido contrario, jamás encararlo. En una situación ordinaria, basta la simple posibilidad del suicidio, aunque se la considere de manera abstracta. ¿Para qué los detalles, los preparativos, los discursos? Me parece que es preocuparse demasiado de uno mismo o de su muerte eso de planificar con tanta antelación, como hacen algunos

—y con qué solemnidad— la ceremonia de los adioses. El suicidio como última seducción narcisista: «¡Vais a ver lo que vais a ver!...». Por lo menos de esta vanidad estoy libre. La muerte vendrá cuando quiera o cuando yo quiera. ¿Por qué me voy a conceder menos libertad que la que ella misma se da? En suma, no soy ni suicida ni suicidólatra y cuento con improvisar —llegado el momento, suicidio o no suicidio— mi muerte, como de todos modos hay que hacer.

Pero ¿qué improvisación sin libertad? ¿Y qué libertad sin opción? El suicidio, la posibilidad siempre abierta del suicidio, sólo es una de las variaciones posibles de la vida, para terminar, una *coda* entre otras, y, como hay que hacer una, nada peor que muchas y mejor, quizá, que la mayoría. Sobre todo, al suicida le queda abierto un horizonte de libertad, salvo disminución muy grave, que debe permanecer así (lo que a veces puede suponer la asistencia de los parientes, de los amigos, del cuerpo médico). Los sociólogos nos indican que la tasa de suicidios aumenta con la edad. Lo que confirma mi punto de vista: no se rechaza la vida, se rechaza la vejez, la soledad, la esclavitud de la enfermedad o la miseria, los sufrimientos de la disminución o de la agonía... La muerte es demasiado larga, a menudo, cuando la vida es demasiado breve. Cuando ya no se desea, o cuando ya no se puede prolongar válidamente la vida, es legítimo abreviar la muerte.

Y en cuanto a los que no soportan la vida, o que no se soportan a sí mismos, que se suicidan —a veces muy jóvenes— no para evitar tal o cual desgracia de la existencia sino la desgracia misma de existir, confieso que me cuesta comprenderlos y sospecho que hay alguna herida narcisista o neurótica que no saben curar. «Una enfermedad particular —decía de ellos Montaigne— es odiarse y desdeñarse», como también querer «ser otra cosa que lo que somos». Sin duda es la misma enfermedad. ¿Qué exigen entonces a la vida para estar sufriendo hasta el punto de querer privarse de ella? ¿Qué duelo imposible los tortura? ¿Qué angustia insuperable? ¿Qué esperanza siempre fallida? ¿Se atienen tanto a su felicidad —¡a *su* felicidad!— que ya no soportan una existencia que en los demás les parecería aceptable? Montaigne otra vez: «Es ridícula la opinión que desdeña nuestra vida. Ya que, al cabo, es nuestro ser, es nuestro todo. [...] El que nos despreciemos y nos desdeñemos es contra natura». ¿Quién puede saberlo, sin embargo? Cada uno es juez de su dolor, y sólo él. La vida no tiene razón ni se equivoca; cada uno la goza a su modo y la soporta como puede. Creo haber tenido la experiencia de que la desesperanza puede proteger contra la angustia o la melancolía, sin abolirlas; y esto se parece a una filosofía. «La esperanza —me decía un psicoanalista— es la principal causa del suicidio.» Casi siempre uno se mata sólo por decepción. Por eso la sabiduría de la desesperanza, que he intentado pensar y que no es otra cosa, quizá, que el trabajo del duelo, como diría Freud, llevado a término. Hoy se me ocurre pensar que sólo era una defensa como otra, que viene a equivaler a oponer la melancolía a la angustia, a equilibrarlas en cierto modo una con la otra, a compensar ésta, que devora, con aquélla, que sosiega. ¿Por qué no? Cada uno se las arregla como puede y muy a menudo a ciegas. Sigo creyendo, sin embargo, que hay que liberarse de la esperanza y del temor, como dijo Spinoza. Sólo sucede que ahora me creo menos mis razones o soy más consciente de sus límites. Que algunos prefieran la esperanza de la muerte al amor desesperado a la vida es otra experiencia, igualmente efectiva, igualmente respetable, pero que nada más demuestra. A unos les basta el coraje; a otros es todo lo que les queda cuando ya no basta... ¿Qué decir? ¿Y por qué decir? El silencio y el respeto valen más. Por otra parte, aunque tal o cual suicidio sea patológico, como suele suceder, por lo menos consigue liberar al enfermo del sufrimiento —muy real, por más imaginario que sea— que le tortura. El suicida muere curado y esta idea por lo menos es dulce.

Paz a los suicidas en la tierra como en los cielos...

CAPÍTULO
7

El duelo

Se piensa primero en la muerte, porque ése es, si no el origen de la palabra, por lo menos su campo semántico ordinario. Estar de duelo es estar sufriendo, ¿y qué peor sufrimiento que la pérdida de un ser querido?

Pero la palabra es susceptible de mayor amplitud. Hay duelo cada vez que hay pérdida, rechazo, frustración. Entonces lo hay siempre: no porque alguno de nuestros deseos no sea jamás satisfecho —no somos desgraciados hasta ese punto—, sino porque nunca lo serán todos ni definitivamente. El duelo es esa franja de insatisfacción o de horror, según el caso, por la cual lo real nos hiere y nos posee con tanta más fuerza cuanto más nos atenemos a lo real. Es lo contrario del principio de placer, o, más bien, ese por qué o contra qué fracasa. El duelo es la afrenta de la realidad al deseo, lo que señala su supremacía. ¿Principio de realidad? No. Éste sólo es una modificación del anterior (se trata de gozar *a pesar de todo*), y el duelo es su fracaso. Por esto el duelo se sitúa del costado de la muerte, en primer lu-

gar y por mucho tiempo: la muerte es sólo el fracaso último que borra todos los otros (es el fracaso sin duelo,
o que deja a los otros el cuidado o el trabajo). El duelo
es como una muerte anticipada, como un fracaso, y
muy doloroso porque no es —no puede ser— el último.
Estar de duelo es estar sufriendo, en el doble sentido de
la palabra, como dolor y como espera: el duelo es un sufrimiento que espera su conclusión, y por esto toda vida
es duelo, siempre, porque toda vida es dolor, como decía Buda, en busca del reposo...

El duelo señala entonces el fracaso del narcisismo
(«su majestad el yo» pierde su trono: el yo está desnudo) y, por ese camino, ingreso en la vida verdadera.
¿Cómo saberse vivo sin saberse mortal? El duelo es este
aprendizaje: el hombre es un escolar; el dolor y la muerte son sus maestros... No los únicos, por cierto; el placer y la alegría también nos enseñan y tal vez más. Pero
¿qué sabríamos, sin la muerte, que no fuera parcial o
ilusorio? La muerte no es una disciplina entre otras,
una verdad entre otras; es el horizonte de todas y, para
el hombre, el destino mismo del pensamiento. Por lo
menos para quien acepta sus lecciones. También se
puede hacer como si nada, negar el sufrimiento y la
nada, pensar en otra cosa... No sólo es asunto de lucidez. La vida a veces permite ese progreso tranquilo:
como un camino de rosas. ¿Quién se detendría por algunas espinas? Para algunos, y no estoy seguro de que
haya que envidiarlos, el duelo es una lengua extranjera
que no necesitaron aprender. Son las vírgenes de la
muerte y hay que ver la ingenuidad encantadora con
que se acercan a decirnos que la vida es bella, dulce,
maravillosa... Las vírgenes tienen razones para hablar
del amor y, en el fondo, lo que dicen también es muy

verdadero. Pero no se deben resentir si a veces nos cuesta considerarlas completamente en serio. Una vez que la muerte ha pasado, ya nada es semejante: nada ha cambiado y no obstante ya nada es como era. Es la entrada a la edad adulta, si se quiere, aunque los adultos hagan casi siempre todo lo posible por olvidarlo. Digamos que es el acceso a la verdadera humanidad: el duelo señala que no somos Dios y el precio que debemos pagar. Los antiguos no se equivocaban; ser hombre es ser mortal y amante de los mortales. El duelo es lo propio del hombre.

Siempre la «ciudad sin murallas» de Epicuro. Vivir es una ciudad abierta, y esta apertura —la muerte, el amor— es la única morada. Mortal: abierto en lo abierto, el que pasa en el pasaje. Con todos los riesgos. A los cuatro vientos del destino. La muerte ingresa en la vida como en un molino. Se siente en casa y tiene razón; la vida habita la muerte (la materia no vive, el universo no vive: lo infinitamente pequeño y lo infinitamente grande están del costado de la muerte y allí la vida sólo ocupa, parcial y provisoriamente, el hueco); la muerte es su lugar, su material, su destino. Tanto peor para nosotros si lo olvidamos, si la muerte se encarga súbitamente de recordárnoslo. El duelo es esta herida por la cual la vida se comprueba mortal: prisionera de lo real y su rehén, pero no para siempre...

Uno recuerda a Pascal, a esos prisioneros que eran degollados uno tras otro, en los que él hallaba «la imagen de la condición de los hombres». Voltaire, leyendo los *Pensées*, objeta que «la suerte natural del hombre no es ni estar encadenado ni ser degollado», y tiene razón, por supuesto. Pero ¿cambia esto en algo la verdad de esa imagen? «Todos los hombres están hechos —agre-

ga Voltaire— como los animales y las plantas, para crecer, para vivir algún tiempo, para producir un semejante y para morir.» Todos están hechos para el duelo entonces, y Pascal no decía otra cosa. Y la muerte no es
sólo el final, como si fuera preciso vivir primero (y crecer y engendrar...) y después morir. No: vivir y morir
van juntos, al mismo paso. El niño muere en el adulto
como cada día pasado en cada día presente. Es la ley
del devenir y es una ley de duelo. Ser es desaparecer: el
instante caduca al mismo tiempo que adviene y este
duelo de todo es el tiempo y es nuestra vida y es nuestra muerte. La vida, decía Montaigne, «sólo es un relámpago en el curso infinito de una noche eterna, [...] la
muerte ocupa toda la parte delantera y toda la parte tra-
sera de ese momento y buena parte también de ese momento mismo». Después de citar a Lucrecio («Ninguna
cosa permanece semejante a sí misma: todo pasa, todo
cambia, todo se transforma...»), Montaigne agrega este
comentario: «Y después nosotros tememos tontamente
una especie de muerte cuando ya hemos pasado y pasa-
mos por tantas otras [...]. La flor de la edad se muere y
pasa cuando sobreviene la vejez, y la juventud se acaba
en la flor de la edad del hombre hecho y derecho, la infancia en la juventud, y el día de ayer en el de hoy y el
de hoy morirá en el de mañana; nada hay que perma-
nezca ni que sea siempre uno [...]». El tiempo se va, o
mejor el ser se va y es el tiempo mismo. El tiempo es el
duelo del ser.

Montaigne, sin embargo, no es ni Pascal ni Voltaire.
«Tengo para mí que amo la vida», decía, como el segundo. Lo cual no le impedía, como el primero, pensar
siempre en la muerte... En ello no hay contradicción alguna, muy por el contrario: el pensamiento de la muer-

te torna más preciosa la vida, por su escasez; el amor a la vida torna más presente a la muerte, por su urgencia. Montaigne, demasiado lúcido para olvidar a la muerte, era demasiado sabio para sacrificarle la vida. Si lo hubiera podido leer, no se habría engañado con Pascal ni con su idea implícita. ¿Por qué denigrar tanto la vida si no es para hacernos desear otra? Pascal nos quiere espantar, porque nos quiere tranquilizar: un pequeño sacerdote dormita en ese genio inmenso. Pero Voltaire, al cabo, es gracioso, siempre que no se quiera comprenderlo... Uno nos dice: «Nos vamos todos al hoyo». Y el otro responde: «De todos modos, no hay que exagerar [...]». No, no exagera. Sólo que es incapaz de hacer su duelo, y allí se alcanza lo esencial.

«No sabemos renunciar a nada», decía Freud. Por esto el duelo es sufrimiento y trabajo. No hay sufrimiento cada vez que hay carencia, sino cada vez que no se acepta la carencia. El mundo nos dice *no*, y decimos *no* a este rechazo. Esta negación de la negación, lejos de desembocar en no sé qué positividad, nos encierra en el dolor o la frustración. Somos desgraciados porque sufrimos, y sufrimos aún más por ser desgraciados. De allí esas lágrimas, ese sentimiento de rebelión o de horror. «*No es justo*», dice el niño; y de hecho no lo es. Pero la felicidad tampoco lo es, y no se inquieta por ello.

En esto la muerte ofrece una vez más el modelo más nítido, el más atrozmente nítido. Para quien ha perdido lo que más amaba en el mundo —su hijo, su madre, el hombre o la mujer de su vida—, la herida es literalmente insoportable, no porque ella nos mate (y a veces lo hace), sino porque torna la vida misma atrozmente dolorosa, en su fondo mismo, a tal punto que el horror ocupa todo el espacio psíquico disponible y vuelve imposible para siempre la alegría (e incluso, en los primeros tiempos, el reposo). ¿Para siempre? Por lo menos es el sentimiento que primero se tiene, y del que la vida nos desengaña, por cierto, felizmente nos desengaña. El *trabajo del duelo*, como dice Freud, es el proceso psíquico por el cual la realidad se impone, y es preciso que se imponga, que nos enseñe a vivir a pesar de todo, a gozar a pesar de todo, a amar a pesar de todo: es el regreso del principio de realidad y el triunfo por ello —primero muy modesto— del principio de placer. La vida se impone, la alegría se impone, y esto distingue al duelo de la melancolía. En un caso, explica Freud, el sujeto acepta el veredicto de lo real —«el objeto ya no existe»— y aprende a amar en otra parte, a desear en otra parte. En el otro, se identifica con lo mismo que ha perdido (hace tanto y era tan pequeño...), y se encierra, vivo, en la nada que lo obsesiona. «*Si muero* —se lamenta con Nerval—, *es que todo va a morir... ¡Abismo! ¡Abismo! ¡Abismo! El dios falta en el altar donde soy la víctima...*» Incapaz de hacer su duelo —«*Soy el Tenebroso, el Viudo, el Desconsolado...*»—, el melancólico continúa preso de su narcisismo y de la carencia inevitable de su objeto: «*Mi única estrella ha muerto y mi luto constelado lleva el sol negro de la melancolía...*». Pero ¿quién escapa del narcisismo? ¿Quién escapa del duelo? En ello la melancolía se nos parece, con ello nos enseña muchísimo sobre nosotros mismos, mucho más que muchos optimistas por doctrina o por temperamento.

Es lo que retengo, en «Duelo y melancolía», de una de las páginas de Freud que más disfruto, y se me perdonará que las cite algo *in extenso*. En muchas de las quejas contra sí mismo, nos dice Freud, el melancólico parece «tener razón y capturar la realidad con mayor agudeza que otras personas que no son melancólicas. Cuando, durante su autocrítica exacerbada, se describe mezquino, egoísta, insincero, incapaz de independencia, hombre cuyos esfuerzos sólo tienden a ocultar las debilidades de su naturaleza, muy bien podría, según nosotros, estar pasablemente cerca del conocimiento de sí mismo, y la única pregunta que nos planteamos entonces es saber por qué se debe comenzar por enfermar para tener acceso a esa verdad». El melancólico está enfermo de la verdad, cuando muchos normalizados promedio, como dice uno de mis amigos psiquiatras, sólo viven negándola... Sucede que la verdad es, para él, una herida narcisista, como es casi siempre, y sólo se puede salir de ella por la ilusión (¿la salud?) o el final del narcisismo (la sabiduría). El melancólico es incapaz de lo uno y de lo otro. No sabe ni engañarse ni desprenderse: incapaz de hacer su duelo de sí mismo, no deja de sufrir su propia muerte, mientras vive, y el mundo entero está allí como vaciado o extinto... La solución sería *matar al muerto*, como dicen los psicoanalistas, es decir (porque se trata de uno mismo), aceptarse mortal, y vivir... Pero el melancólico no tiene aptitud para el duelo. Y en eso es nuestro hermano, de todos —«no sabemos renunciar a nada»—, y desde el fondo de su sufrimiento señala el camino a cada uno: ¡duelo *o* melancolía!

Hay algo que aquí se invierte; el duelo (la aceptación de la muerte) se inclina del costado de la vida. Pero la melancolía nos encierra en la muerte misma que ella rechaza.

Esto vale primero para nuestra propia muerte: sólo una vez que se ha hecho el duelo por uno mismo se puede dejar de pensar siempre en la nada —sin negación ni diversión— y escapar entonces de la melancolía. Tal es por lo menos, me parece, la sabiduría de Montaigne. Después de haber recordado que «filosofar es aprender a morir» (porque quien teme a la muerte teme necesariamente a la vida), después de haber condenado por eso, mucho antes que Pascal, la diversión («van y vienen, trotan, danzan: de muerte, ninguna noticia»), el autor de los *Essais* concluye con una de esas frases que mejor lo resumen, una de las más bellas que quizá se hayan escrito acerca de la decidida opción por la vida, que incluye una aceptación serena de la muerte: «Quiero que se realicen y se prolonguen los oficios de la vida tanto como se pueda; y que la muerte me encuentre plantando mis coles, pero displicente con ella y más aún con mi jardín imperfecto».

Que no se confunda *displicencia* con *diversión*: la diversión propende al olvido o al ocultamiento de la muerte; la displicencia supone, por el contrario, su aceptación. Se goza mejor de la vida cuando se acepta que debe acabar. ¿Hay otro modo? Como la vida es mortal, no se la puede amar por entero si no se acepta la muerte que contiene y que supone. El duelo y el gozo van juntos; el duelo, más bien, es la condición necesaria del gozo, y cada uno lo verifica tarde o temprano —salvo en la melancolía o en el duelo patológico—. El duelo está del lado de la muerte, como acontecimiento, o del lado de la vida, como proceso. Se trata de que la alegría vuelva lo más pronto; es lo que permite el trabajo del duelo.

Esto vale también, y *a fortiori*, para la muerte de los otros. Montaigne, para superar la muerte de La Boétie, tuvo que escribir los *Essais*, nada menos. Es decir que no hay receta y que cada uno, ante el horror, se las arregla como puede. Pero esto es decir, también, que se puede superar sin olvidar, aceptar sin traicionar.

Lo real nos ha dicho *no*, y se puede, por supuesto, rechazar este *no*, incluso negar su realidad. Es el camino del sufrimiento o de la locura: Narciso se encierra en su herida... Curarse (pues si bien el duelo no es una enfermedad, su salida se parece a una cura) es, por el contrario, aceptar esa pérdida: el duelo está hecho, si alguna vez se lo ha hecho totalmente, cuando se puede decir *sí* a todo (por lo cual el duelo terminado es la fórmula misma de la sabiduría) y sí especialmente a ese *no* que hace unos meses o años nos desgarraba el alma.

Pero ¿cómo lograrlo si «no sabemos renunciar a nada»? Freud agrega, inmediatamente después de esta observación: «Sólo sabemos cambiar una cosa por otra». Lo cual es dar el remedio al mismo tiempo que el diagnóstico. El asunto no es ya no amar ni amar menos, sino amar otra cosa, y mejor: al mundo más que a uno mismo, a los vivos más que a los muertos, a lo que ya ha ocurrido más que a un porvenir que aún no existe... Es la única salvación; todo el resto nos encierra en la angustia y en el horror. Ya que sin duda todo es eterno (ese ser que ya no es y todo cuanto vivimos juntos: eso seguirá siendo verdadero eternamente), pero sólo la muerte es definitiva. Hay que amar entonces en pura pérdida, siempre, y esta pura pérdida del amor es el duelo mismo y la única victoria. Querer guardar ya es perder; la muerte nos quitará sólo lo que hayamos querido poseer.

Escribo todo esto temblando, sabiéndome incapaz de tal sabiduría, pero convencido sin embargo (o por ello) de que no hay otra —si efectivamente hay una— y que tal es, más o menos, el camino por el que, o hacia el cual, debemos avanzar siempre y con dificultad... Montaigne lo dijo todo, quizás, en una sola frase: «Toda satisfacción de los mortales es mortal». Y también podría citar a Epicuro, Lucrecio, a los estoicos o a Spinoza... Recordemos que éste afirmaba casi no pensar en la muerte y que la sabiduría no es «una meditación sobre la muerte, sino sobre la vida». Tenía razón, evidentemente, en este último punto; pero pensar la verdad propia de la vida es saberla finita (no somos Dios) y esto no acontece sin alguna aceptación de la muerte. Ya que la verdad no muere, está claro, pero no es menos verdadero que nosotros morimos... Me han contado que Jankélévitch, creo que en un curso acerca de Spinoza, dijo un día a sus estudiantes, mostrándose a sí mismo, con la mano en el pecho: «Les presento esta cosa asombrosa: una verdad eterna que va a morir». Nos corresponde a todos: por ello el duelo es nuestro destino y la figura que tenemos de la eternidad. No conozco otra. Sólo la muerte es inmortal, como dice aproximadamente Lucrecio, y esto define el materialismo. La vida sólo es eterna mientras dura.

Recordemos el dicho del humorista: «La vida es una enfermedad hereditaria, sexualmente transmisible y mortal». Los vivos son un grupo de riesgo, como se dice hoy, el único, y este riesgo también lo es: morir es la única certidumbre de cada uno. Entonces hay que amarse mortal o no amarse, y esto también vale para el amor que tenemos a otro. Todo amor de los mortales es mortal, como todo odio. Misericordia para todos... Compasión para todos... Esto nos enseña el duelo, difícil, dolorosamente. Y con ello nos enseña algo sobre noso-

tros mismos y la vida. ¿Qué? Quizás esto, que escribió
Melanie Klein:

> Cuando el odio se siente en plenitud y la desespera-
> ción ha llegado al colmo, se manifiesta el amor al objeto,
> y la persona en duelo empieza a sentir más y más hondo
> que la vida interior y exterior está llamada a continuar a
> pesar de todo y que puede conservar en sí el objeto ama-
> do y perdido. En esta etapa del duelo, el sufrimiento
> puede tornarse productivo. Sabemos que las experien-
> cias dolorosas, sean cuales sean, estimulan a veces las su-
> blimaciones e incluso hacen aparecer aptitudes por com-
> pleto nuevas en algunas personas: empiezan entonces a
> pintar o a escribir bajo la presión de la adversidad o de
> las frustraciones. Otras se tornan más productivas de un
> modo diferente, más capaces de apreciar mejor a la gen-
> te y las cosas, más tolerantes en sus relaciones con los
> otros: se tornan más sabias...

Sabiduría de mortales: sabiduría del duelo.

Hay duelo, decía, desde que hay pérdida. Pero ¿pérdida de qué? Los psicoanalistas responden un poco apre-
surados: de la madre, del seno, del objeto bueno... Éste
sería el primer duelo, del cual todos los otros sólo serían una revivificación. Quizá. Pero también podría ser,
y una cosa no impide la otra, que «lo perdido no sea objeto sino sujeto», como dice François George, que sea
«la esencia misma de nuestro ser, esa malla que pasa».
De nuestro ser o del tiempo, pero sin duda viene a ser
lo mismo: «Por nuestra condición temporal —prosigue
François George— llevamos con nosotros una herida
por donde la sangre no cesa de fluir tanto como el co-

razón no cesa de latir. No bien me es dada la carga de existir, me alejo de una coincidencia conmigo mismo, que nunca ocurrió, y me embarco en el gran tren hacia mi ruina. El tiempo, "enfermedad crónica", enfermedad congénita e incurable, constituye nuestra vida en pérdida de ser...». Por lo cual *el oficio de vivir*, como decía Pavese, no es otra cosa que *el trabajo del duelo*, como decía Freud, lo que François George resume en una frase que me repito a menudo: «*Vivir es perder*».

Pensando en esta frase, hace algunos días recordé también otra, que me impresionó con fuerza en la adolescencia y que parece contradecirla. En *Jean Barois*, si mis recuerdos son exactos, o quizás en *Les Thibault*, no estoy seguro, uno de los personajes de Roger Martin du Gard enuncia esta definición: «*La vida es una victoria que dura*». En el fondo, lo que creo haber comprendido, y que me parece esencial en lo que duelo y vida (la vida, por lo tanto el duelo) nos pueden enseñar, es que esas dos frases no se contradicen, sino que valen juntas: que vivir es perder, ya que no se puede poseer ni guardar, y que es vencer, ya que vivir basta.

Coraje, supervivientes...

El nihilismo y su contrario

«Me corroe la duda. ¿Y si todo fuera ilusión? ¿Si nada existiera? En este caso, habría pagado mi alfombra demasiado caro.» Esta frase de Woody Allen quizá diga lo esencial acerca del nihilismo: que constituye un pensamiento imposible, acerca del ser, y que sólo justifica una interrogación acerca del valor. Tratemos de explicarlo.

El nihilismo, considerado literalmente, es un pensamiento imposible. Si nada hubiera (*nihil*), nada habría que decir y nadie para ser nihilista. No es posible escapar de Parménides, o nunca por completo. Sólo es pensable lo que es. Una filosofía rigurosa de la nada sería una nada filosófica: de nada, nada es verdadero. El nihilismo se autorrefuta apenas se enuncia.

¿Filosofía del silencio? Ni siquiera eso, no. El silencio deja intacto lo real (que nada se diga no impide que todo esté allí), y el nihilismo supone, por el contrario,

que se considere el lenguaje —¿a falta de algo mejor?—
en serio. La nada sólo es una palabra, que no carece de
significación, por cierto, pero sin objeto. El silencio la
suprime; por ello suprime también al nihilismo. Los si-
lenciosos lo saben. Los nihilistas lo saben, cuando son
lúcidos. ¿Por qué serían tan charlatanes si no fuera así?
La nada sólo existe si se habla de ella. Para quien calla,
ya sólo hay lo real: ya sólo hay todo. *Exit*, nihilismo.

Exit por lo menos aquel nihilismo, que sólo es discurso sin coherencia ni hondura, que se alimenta de su
propia vanidad. Filosofía de habladores que ya nada
tienen que decir; nada que no sea esa *nada* misma. Creen
que el mundo muere de nihilismo cuando son ellos los que
revientan de eso. Lo real sigue siendo real y, aunque desconocido, basta para invalidar todo nihilismo que se pre-
tenda absoluto. Es necesario que haya nada para que el
nihilismo sea posible. ¿Para qué el nihilismo entonces?
   Hay otros nihilismos pensables, que no niegan el ser
sino su valor. Valor ontológico para unos (la esencia),
existencial o práctico para otros (el sentido, la moral).
De allí provienen dos nihilismos distintos, que a veces
pueden reunirse, pero que continúan siendo indepen-
dientes uno del otro.
   El pensamiento basta para atestiguar que no hay
nada. *Cogito, ergo est*, decía Nietzsche, corrigiendo a
Descartes. «Pienso, luego eso es.» Pero este ser sólo es
lo contrario de la nada: es lo no-nada. Lo que no significa que tenga los rasgos tradicionalmente atribuidos al
ser —por lo menos después de Parménides y Platón—:
unidad, identidad consigo mismo, permanencia, absoluto... La esencia, en una palabra: no el simple hecho

de ser (la existencia), sino aquello que se es (un ser y
este ser). Ahora, ¿qué sabemos? Que no hay nada, por
cierto; pero eso, que nos separa de la nada, nada prueba que sea un *ser* (que sea uno, idéntico a sí mismo, dotado de un mínimo de permanencia, de coherencia, de
objetividad, de absoluto...). Podría ocurrir que no haya
nada que *sea*, como dice Montaigne, que todo, sencillamente, advenga y muera. Nada de ser: el devenir.
Nada de nada: apariencia. De allí otro nihilismo, no
absoluto sino relativo, que sólo es el rechazo, llevado al
extremo, de toda ontología. Nada es: todo deviene.
Nada permanece: todo aparece y desaparece. ¿La nada?
Sería decir demasiado o demasiado poco. Si nada hubiera, absolutamente nada, allí no estaríamos nosotros
para saberlo. Pero nada de esencias, nada de sustan-
cias, nada de entes que realmente sean. No nada, entonces, sino ningún ser: *ne hilum*, ni el más pequeño
fragmento de ser para resistir la universalidad del devenir y del parecer. Filosofía de la impermanencia, de
la vacuidad, del juego sin fin y sin fondo de las apa-
riencias... Filosofía extrema, pero coherente, o que
puede serlo. No ha cesado de acompañar, desde Heráclito, Pirrón o Buda (y hoy hasta en Lévi-Strauss o
Marcel Conche), para suavizarlos, nuestros espantos,
nuestros dolores, nuestros cansancios. Si todo pasa,
¿para qué la angustia o la cólera? Si sólo hay apariencia, ¿para qué fingir?

No se suele hablar de nihilismo en este sentido, sin
embargo. El nihilista, en el lenguaje corriente, es más
bien el que nada cree, nada respeta, nada se impone ni
se prohíbe. Nihilismo práctico más que ontológico: ne-

gación, pero no de la esencia sino del valor. Qué importa que el ser sea o no sea, pues lo que es carece de valor... Filosofía del todo vale (porque nada vale), del para qué, de la inanidad de todo, del renunciamiento, del abandono... Paul Bourget, de quien Nietzsche tomó la expresión, la definía como «un cansancio mortal de vivir, una percepción enorme de la vanidad de todo esfuerzo...». Filosofía para nuestro tiempo, dicen, o que eso intenta (lo que mi amigo Roland Jaccard llama «la tentación nihilista»), y esto sin duda no es falso. Pero ¿hay que resignarse?

Conocemos el diagnóstico nietzscheano. El nihilismo resulta directamente de la muerte de Dios y entonces, indirectamente, de la religión. Después de haber vaciado al mundo de todo valor, después de haberlo devaluado en beneficio de ultramundos metafísicos o morales (el Ser, el Bien, lo Absoluto...), después de haber concentrado en Dios toda plenitud y toda significación, la humanidad, incapaz de seguir creyendo en los fantasmas que ha creado, sólo encuentra ante sí ese mundo devaluado, vacío, vano, incapaz ya de responder a nuestras esperanzas o de ofrecer una finalidad a nuestras acciones. Nietzsche lo explica en *La voluntad de poder*. «¿Qué significa el nihilismo? Que los valores superiores se devalúan. Que faltan los fines. Que no hay respuesta a esta pregunta: "¿Para qué?"». La cosa era inevitable, sin duda. Apenas se sitúan los valores morales más alto que el mundo, el mundo sólo puede parecer inmoral. Apenas se sitúan las esperanzas más alto que lo real, lo real sólo puede parecer decepcionante. Por ello, como advirtió Camus, comentando a Nietzsche, «el nihilista no es ese que nada cree, sino aquel que no cree en lo que es». O más bien: como no cree en lo que es (idealismo, romanticismo, religión...), termina no creyendo en nada (nihilismo). El mundo se toma o se deja. Tan pronto se prefiere otra cosa y no lo real, se va camino del nihilismo. En tanto se prefiere una cosa a todo se está prefiriendo la nada.

De allí este mundo vacío, apagado, sombrío, este mundo insignificante, este mundo *absurdo* —la gran palabra es arruinado— donde el siglo xx, absurdamente, se contempla. Teatro del absurdo (Ionesco, Beckett...), novelas del absurdo (uno piensa en *El extranjero*, de Camus, por cierto, pero *La náusea*, de Jean-Paul Sartre sólo es, cuando se explicita, la experiencia del «absurdo fundamental» de todo lo existente)... En ocasiones parece que la segunda mitad de este siglo nada tuviera que agregar a este vacío de sentido, nada más que decir que esta nada y que sin embargo fuera incapaz de resignarse al silencio. Algunos hasta han construido una teoría que condenaría la literatura a la nada. El diagnóstico me parece discutible.

Advirtamos, primero, a pesar de Mallarmé («La nada es la verdad»), que los poetas de este siglo, por lo menos los más grandes, han resistido a esta literatura de la nada. Ni Éluard ni Char ni Saint-John-Perse celebraron el absurdo o la nada, y esto me parece un indicio de importancia. El poeta canta el mundo, su perfección, incluso trágica, su absoluta presencia, incluso injustificada. Dice la vida, el sufrimiento, el amor, la soledad... Pero siempre dice lo real. «La lucidez es la herida más próxima al sol», escribe Char, y aun la noche es maravilla. Habría que ser muy desgraciado o cobarde, y muy poco poeta, para preferir la ausencia vaga y vana...

También habría que mirar con mayor cuidado a los prosistas. Sería un contrasentido considerar nihilistas a

Sartre o a Camus. La nada del uno no es el mundo, es la
conciencia, la libertad, y más bien creadora de valores.
Y el absurdo del otro no es del mundo, sino de nuestra
confrontación con él: el mundo sólo nos parece absurdo porque no responde a nuestras preguntas; pero son
nuestras preguntas, y es el hombre, entonces, el absurdo. Con lo que volvemos a Woody Allen: «La respuesta es sí: pero ¿cuál podría ser la pregunta?». No hay
pregunta y por ello la respuesta es sí (Wittgenstein: «La
solución del enigma es que no hay enigma»). El universo es la única respuesta a la pregunta que él no se plantea. El mundo no es una alfombra: ¿cómo tendría un
precio? No es ni caro ni barato: real, sencillamente. Ni
dotado de sentido ni absurdo: verdadero. No se ofrece
para la interpretación sino para el conocimiento, no para
la justificación sino para la acción, no para la esperanza
sino para el amor. Si no amas lo real, no molestes a los
demás.

Lo real siempre tiene razón no porque sea bueno,
dulce, humano, sino porque no tiene que serlo, porque
no puede serlo. A veces podemos transformarlo, pero no
abolirlo. Lo real sigue siendo real, es su modo de ser verdadero. Qué locura intentar refutar el mundo... El nihilismo es esta refutación, por lo menos querría serlo, y si
bien esta locura no basta para refutarlo, lo condena.

«Más valdría no haber nacido», no ha dejado de repetir Cioran, y con qué talento. Dice lo esencial. El nihilismo, en cualquier caso este nihilismo, toma partido por
la muerte contra la vida, por la nada contra el ser, por «el
inconveniente de haber nacido» contra la alegría —incluso frágil, incluso dolorosa— de existir y de actuar.

Por ello nos fascina, nos acecha y nos tienta. ¿Quién no ha deseado alguna vez abandonar, renunciar, morir? Filosofía de la muerte que gana, y en efecto ella gana. Pero ¿qué prueba esto contra la vida? Epicuro ya enfrentaba, en la *Carta a Meneceo*, al «que dice que lo mejor es "no haber nacido" o "si se nace, franquear lo más pronto posible las puertas del Hades"». Si está convencido de lo que dice, objetaba Epicuro, «¿cómo es que no se quita la vida? Esto cabe por completo dentro de su capacidad si está decidido a hacerlo. Pero si bromea, está manifestando frivolidad acerca de cosas que la excluyen». El nihilismo es una filosofía frívola o vana, que sólo se salva por el estilo, como se puede apreciar en Cioran, o por el suicidio, como apenas se puede apreciar. Pero ni el estilo ni la muerte reemplazan el pensamiento.

Filosofía del cansancio, como insinúa Bourget, «*Weltanschaung* de la pereza», como reconoce Jaccard, el nihilismo aún tiene tiempo por delante. ¿Quién no se cansa a veces? ¿Quién no es perezoso a menudo? Pero esto no basta para darle la razón. Adamov, cuya obra a veces se vincula (equivocadamente) al teatro del absurdo, halló las palabras apropiadas: «La vida no es absurda; sólo es difícil, muy difícil». Lo contrario del nihilismo no es el optimismo, no es el entusiasmo ni el fanatismo. Lo contrario del nihilismo es el amor y el coraje.

Mozart

Primero amé a Schubert, más cercano, más inmediatamente conmovedor. Hay que decir que a Schubert el
azar —un amigo, un disco— me lo situó allí, en la vida,
en buen momento, cuando era necesario que cambiara,
que sucediera algo, o alguien, y fue Schubert... Ahora
bien, sucede que una tarde, debió ser en el teatro de los
Campos Elíseos, fui a escuchar al Quartetto italiano, entonces muy de moda, que interpretaba (por lo demás,
me parece ahora, de modo quizá muy mozartiano) cuartetos del pobre Franz. Virtuosismo absoluto, esplendor
del sonido, elevación del pensamiento... Fue el éxito
que se podía esperar. Hubo un *bis*. Un movimiento de
cuarteto que yo no conocía, que casi podía pasar por
Schubert, por lo menos para mis oídos de aficionado,
pero que no era suyo, que no podía serlo (todos mis días
se inundaban entonces con su música de cámara: un
cuarteto como ése no se me habría escapado), y que sin
embargo era equivalente, quizás hasta lo superaba, sí,
con esa elegancia arriesgada y temblorosa, esa soberana

levedad, esa emoción, esa gracia, esa luz... Era bello, como de Schubert y no obstante distinto, un poco menos serio, un poco menos doloroso, algo menos patético, con un no sé qué de más ágil, de más noble, de más elevado quizá... Pero ¿de quién? Y de súbito... Ese aire de danza, ese pizzicato, ese tema que gira y regresa, que gira y se alza, como un estribillo sublime... ¡Dios mío! ¡Mozart! Y fue como si ingresara en la sala, en persona; y las lágrimas subieron a los ojos, no lágrimas de tristeza, en absoluto, lágrimas más bien de gratitud, de admiración, sí, de admirado reconocimiento conmovido... Fue hace unos veinte años, era el minué del *Cuarteto en re menor*, K. 421 (uno de los seis dedicados a Haydn y donde Haydn reconoció, en ese joven, al más grande compositor viviente...); Mozart —que ya conocía, por supuesto, pero que nunca había *encontrado* a tal punto— acababa de ingresar definitivamente en mi vida.

Estos encuentros son importantes y van mucho más allá de la música. Los melómanos me dan risa. ¡Como si la música fuera lo que importa! «Sin música, la vida sería un error», decía Nietzsche, y la fórmula es bella y fuerte. Sin embargo, Mozart jamás lo dijo y lo refuta. ¿Qué sería la música sin la vida? ¿Y qué podría valer si la vida ya no valiera, antes que ella, independientemente de ella? ¿Más que ella? La música de Mozart no deja de recordarlo, alegre o triste, y esto la hace tan desgarradora cuando nos falta felicidad.

La música jamás salvó a nadie: Mozart lo sabe, lo prueba, lo canta. Y esto concede, sin embargo, una especie de felicidad que se espera, que se presiente o de la cual uno recuerda...

La fórmula de Nietzsche se parece a nuestra desgracia, por eso da en el blanco. La música de Mozart se pa-

rece a nuestra felicidad, aunque la hayamos perdido o
sea imposible, por eso conmueve.

No sólo se trata de arte, y es arte verdadero, no sólo
de belleza, y es la única que importa. El encuentro con
Mozart rebasa la estética: es humanamente decisivo, fi-
losóficamente decisivo, espiritualmente decisivo. Mozart es una ética. O por lo menos toda ética, toda ética
digna de ese nombre, hace dos siglos que debe integrar
a Mozart, quiero decir considerar este hecho singular,
este hecho asombroso, que sitúa muy alto la vara de nuestras exigencias y de nuestras responsabilidades: que Mozart haya sido posible —porque fue real, porque sigue
siéndolo eternamente— dice muchísimo sobre el hombre y la vida. ¿No somos Mozart? Cada uno puede
comprobarlo cada día. Pero también, al escucharlo, ya
no podemos evitar ser humanos.
     Se ha hablado demasiado del «divino Mozart». El
éxito de la fórmula corresponde a su parte de verdad, a
lo que revela, a lo que en ella hay de efectivo. Mozart
o lo divino en el hombre. ¿Una gracia? Si se quiere, pero
por completo humana, por completo mundana, sin tras-
cendencia, sin revelación, sin sobrenatural. Mozart es
un clásico, un racionalista, un continuador de la Ilustración. En él no hay ni desmesura ni sinrazón. Ni oscuridad ni oscurantismo. Es un hombre simplemente y
todo el hombre. Pero su mensaje también es político. El
clero, la aristocracia, los Estados, las fronteras, ¿qué pe-
san al lado de la música, que nada pesa? El mayor prín-
cipe del mundo, junto a Mozart, queda reducido a su lugar verdadero, que es lugar común. ¿Un humanismo? Es
el uso que se le puede dar hoy, que se le debe dar. ¿Por

qué derechos del hombre si nada vale la humanidad?
¿Y qué mejor ilustración de lo que vale que Mozart? Atención, sin embargo: no hacer de esto una nueva religión.
La humanidad que él nos presenta no tiene énfasis ni
hinchazón ni grandilocuencia. Es lo contrario de un me-
sianismo. Lo contrario de una utopía. No canta al hombre nuevo; canta al hombre real, tal cual es, tal que puede ser, con su grandeza y su miseria, su fragilidad, su
trivialidad, sus placeres y sus pesares, con esa mezcla de
irrisión y tragedia... Y qué belleza sin embargo, qué claridad, qué evidencia... Por eso gusta a todos, o casi, de
cualquier país que sean, cualesquiera sean su cultura o
sus gustos, e incluso, se diría, a los que no aman la música... Algunos lo reprochan, hablan de su facilidad, de su
seducción, de su sospechosa elegancia... Veo allí, más
bien, la confirmación de algo importante. ¿Qué más natural que Mozart? ¿Qué más humano? ¿Qué más universal? Nietzsche, contra Wagner, supo exaltar como se
debe «el genio alegre, entusiasta, tierno y amoroso de
Mozart...». Pero Nietzsche se equivoca en lo esencial. Jamás se es *demasiado humano*. Simplemente se lo es mal o
no suficientemente. Lo divino, lo que llamamos lo divino, está en nosotros, al alcance del alma o del corazón:
no es lo distinto del hombre, sino su verdad más alta. Lo
atestigua la música de Mozart en sus mejores momentos
y por ello constituye una lección para todos nosotros.
«*Homo homini deus* —decía Spinoza —, el hombre es un
dios para el hombre», cuando es libre, cuando está en
paz, cuando ama, y Mozart hace esto plausible, qué digo,
lo realiza, como por anticipación, lo encarna, y es como
si nosotros comulgáramos gracias a él, con él, en esta humanidad por fin pacificada, por fin completa, por fin reconciliada... Humano, divinamente humano.

Las notas no están allí para sonar bonito. Esta perfección es un ejemplo; esta pureza, una exigencia. Y tanta humildad, sencillez, generosidad... No hay música menos narcisista que la de Mozart, aun en sus más íntimas confesiones. A menudo es incluso superficial, frívolo si se quiere, deliciosamente gratuito... ¿Estilo galante? ¿Música cortesana? Eso sucede. Pero esa galantería también es virtud. Esa cortesía, un arte de vivir. Es lo contrario de la seriedad, del exhibicionismo, de la compasión de sí mismo. Mozart danza, y qué importa si lo hace en un salón o al borde del abismo... «Superficial por profundidad», diría Nietzsche, y más emocionante aún por apenas preocuparse por serlo. Me hace recordar la divisa que me construí para uso personal: *La situación es desesperada, pero no es grave*. La cortesía es el humor de la desesperanza, y Mozart es el más cortés de nuestros músicos. Otra vez, un modelo. ¿Por qué llorar si se puede sonreír? ¿Llorar, si se puede cantar? Esto también supone mucho respeto al otro, discreción, delicadeza... Se quisiera escribir: Mozart nos hace buenos. La historia, ay, ha demostrado lo contrario (aunque no creo que sea casual que los nazis prefirieran a Wagner...), pero de nosotros depende ahora, de cada uno de nosotros, que eso no resulte completamente falso. En esto se unen ética y estética. Dar razón a Mozart es dar razón a la mejor parte de nosotros mismos, la más bella, la más verdadera, la más luminosa... Máxima del imperativo melódico: *Actúa de tal modo que seas digno de escuchar a Mozart*.

Pero esto mismo es demasiado serio, demasiado voluntario, demasiado moralizante, demasiado poco mozartiano. Lo que más amo en Mozart es, por el contrario, la gracia, la ausencia de esfuerzo, la levedad, como una evidencia feliz... Nada de prometeico en él, nada de sobrehumano. La facilidad más bien, la transparencia, la perfecta adecuación a sí mismo y al mundo. Lo divino, pero sin profetas, sin sacerdotes, sin Iglesia. Yo soy el que soy: Wolfgang Amadeus Mozart... Casi nada, casi todo: algo de luz en la luz del mundo. Éluard, hablando de sí mismo, y con toda justicia, decía: «La belleza se me da fácil; felizmente». Esta frase siempre me ha hecho pensar en Mozart, en lo que hay en él de precioso, de más escaso. La belleza fácil: la gracia. La virtud sin esfuerzo: la nobleza. Felicidad hecha música.

Sé que Mozart también es serio. Pero ¿qué más serio que la felicidad? Y que no siempre fue feliz, sino más bien lo contrario. Pero ¿en qué impide esto que su música —incluso seria, incluso desesperada— sea feliz? Clément Rosset tiene razón cuando explica, en *La force majeure*, que toda música es alegría, aunque nazca de la pena, porque la cuida, porque la calma, porque la supera... «Soy feliz —escribe Mozart en una carta—, porque tengo que hacer una composición, y esto es mi única alegría.» Pero es una alegría real, no un simulacro. «El paso a una perfección superior», diría Spinoza, es el que Mozart no cesa de efectuar ante nosotros de manera como milagrosa. Esta alegría es parte de la existencia, incluso difícil, incluso trágica. Es la existencia misma. De otro modo ya estaríamos muertos, y la música anula esto. Mozart, o la alegría a pesar de todo... Sus músicas tristes, y Dios sabe que así compuso piezas inmortales, son también un poco de vida a pesar de todo, que sobrenada, que resiste, que canta... Se querría llorar, se llora a veces y allí está el milagro: son lágrimas dulces como la dicha.

No hagamos de Mozart un ingenuo, un bendito inocente, ni siquiera el niño superdotado que fue. En primer lugar es un músico completo, un gran profesional se diría hoy, como Haydn, como Bach, un trabajador lúcido y sabio. Transcribe, imita, no es ajeno ni a modas ni a influencias. No pretende ser original, ya que es único y universal. Es él mismo: es toda la música. Siempre semejante a sí mismo, siempre diferente, siempre exacto. Qué poderío a veces (la gran aria de la Reina de la Noche, la *Sinfonía «Júpiter»*, el allegro del *Concierto número veinticinco para piano*...), a menudo qué fragilidad (en las sonatas, en la música de cámara...), qué variedad de afectos, de escritura... Conoce todos los estilos, los utiliza todos. No busca: encuentra. Nada hay de revolucionario en él, ninguna voluntad de ruptura, de perturbación, de vanguardia, como aún no se decía. Le basta la perfección. No vino a abolir sino a cumplir. Se da los medios, que toma de aquí y de allá. Los utiliza como nadie. Tiene el gusto absoluto. El genio absoluto. Sabe lo que quiere o, mejor, quiere lo que sabe. Lo hace, entonces, y pasa a otra cosa. A menudo trabaja a demanda; debe ganarse la vida, debe complacer, y esto no le disgusta. Pero a condición de ser él mismo, de ser libre, de no fingir. Se adapta, jamás se traiciona. ¿Piezas de circunstancia? ¿Qué obra no lo es? ¿Qué vida? ¿Inspiración? Una circunstancia como otra. El genio también es un oficio, cuando se lo tiene. Mozart hace el suyo como puede, como debe. Se dirá que nunca se detiene, que no puede equivocarse, que sólo así puede tener éxito. Labor encarnizada, ciencia soberana, dominio de todos los instantes... Pero es un trabajo que desaparece en sus resultados, una ciencia que se olvida, como un dominio liberado de sí mismo. Beethoven o Bach, de genio comparable, parecen a veces más sabios, más técnicos, más virtuosos. En ellos el trabajo se escucha y se admira. Eso forma parte de su fuerza, de su grandeza inverosímil. Pero nadie volverá a encontrar, ni siquiera Schubert, ese arte de la trasparencia, de la espontaneidad, como una música que fluye de la fuente, como un secreto sin secreto, como un reposo en el movimiento. ¿Un surtidor? Si se quiere, pero liberado del peso, como una lluvia de luz que subiera hacia el cielo, que fuera el cielo mismo.

Uno puede imaginar, sabiendo lo que fue su vida, su soledad, su desamparo en ocasiones, cuánto coraje le fue preciso: el coraje de ser él mismo, de vivir, de superar los obstáculos, los dolores, el cansancio, y después ese aún más escaso y más difícil, más misterioso, el de liberarse de ese mismo coraje, de ese combate para que sólo quede la vida impersonal, anónima, siempre joven, siempre recomenzada, siempre renaciente al tercer día, y tanto peor si es para otro, y tanto peor si no es para nadie, para que ya sólo haya música, como vida en estado puro, liberada del yo, liberada de todo, liberada de sí misma.

¿Las obras de Mozart que prefiero? La música de cámara más que las óperas (qué maravilla, sin embargo, *Las bodas*), los conciertos más que las sinfonías, las sonatas más que el *Réquiem*... Es asunto de gusto más que de competencia, más de sensibilidad que de doctrina. Mozart es un mundo: cada uno sigue allí su camino. Algunas obras han estado conmigo durante años, las escucho pocas veces, pero me habitan, me acompañan, me esclarecen: el *Concierto número cinco para violín*, el

Trío para cuerdas, K. 563 (¡*Divertimento*!), la *Fantasía en do menor* para piano (K. 475), el *Quinteto en la para clarinete y cuerdas*, la *Sinfonía concertante para violín y viola*, sin olvidar, y es la obra que sitúo más alto, el sublime *Concierto para clarinete*... Y después están esos momentos de gracia, que a veces sólo duran un instante, pero inolvidable, eterno: la cavatina de Barberina, en *Las bodas de Fígaro*, el andante de la *Sonata en la menor*, K. 310, el adagio de la *Sonata en Si bemol*, K. 570, el *minué* que recordaba al comenzar, en el *Cuarteto en re menor*, el andante del *Concierto número veintidós para piano* (donde la orquesta es tan dolorosa, tan desgarradora, donde el piano sólo parece salvarse por su misma fragilidad, hasta la paz recuperada de la coda, hasta la alegría renaciente del rondó...), el *adagio* del veinticinco, el *larghetto* del veintisiete... Todo esto es trivial y debe serlo. Y prefiero la interpretación ligera, leve, luminosa (lo menos romántica posible...) y más bien seca que pesada. En el piano, la grabación integral de Gieseking hace mucho que me fascina, por no sé qué de austero y frío, como una especie de elegancia paradójica que parece construida de ascetismo y soltura... Hay otras interpretaciones más emocionantes, más íntimamente mozartianas. Las de Maria Joao Pires y las de Murray Perahia, entre los contemporáneos, me parecen así. Pero ¿cómo reemplazar a Edwin Fischer, Clara Haskil o Dinu Lipatti? Me gusta mucho lo que dijo Rubinstein a uno de sus alumnos: «¡Atención! Si no es un milagro, no es Mozart». Es decir, la dificultad de la interpretación. Mozart, el gentil Mozart, el fácil Mozart (Horowitz explicaba que se lo reservaba para sus días de mayor, cuando ya no fuera capaz de virtuosismos...), es, en realidad, el más difícil de los músicos debido a esa misma facilidad. Hace falta una calidad de alma de que muy pocos son capaces, una sencillez, una atención (Simone Weil: «La atención absolutamente pura es plegaria»), una disponibilidad, una levedad, una mezcla inestable, necesariamente inestable, de pudor y desnudez... Incluso los más grandes necesitan entonces de un estado de excepción, de un estado de gracia que no se puede obtener ni mantener por la fuerza.

Esto vale también para el auditor. A menudo nada sucede: como si Mozart no estuviera allí, o bien nosotros estuviéramos ausentes, o por el contrario demasiado presentes, demasiado estorbados por nosotros mismos, demasiado opacos, pesados... No siempre se está en condiciones de acoger la belleza fácil. Los últimos cuartetos de Beethoven parecen resistir más; pero esta resistencia te apega, y esos cuartetos tienen la ventaja, a primera vista, de sorprender. Pero ¿Mozart? Mozart no sorprende nunca. Iba a escribir: Dios tampoco. O cuando sorprende es como la evidencia, y como ella, a menudo, pasa desapercibido.

Pero ¿evidencia de qué? ¿De la belleza? ¿De la alegría? ¿De la dulzura? Sin duda. Nada maligno hay en Mozart y esto vuelve a tocar la ética. «Las notas deben amarse», decía. La fórmula, que puede parecer afectada, se acerca sin embargo al misterio. ¿Qué sería la belleza si no la amáramos? ¿Y qué otra alegría hay que no sea amar? ¿Qué otra dulzura contra la violencia o la amargura?

En el fondo, sólo vale el amor, o, mejor, nada vale si no es por él, y esto es lo que significa Mozart.

CAPÍTULO
10

Schubert

Mozart es un milagro. ¿Y qué es Schubert? Un sufrimiento, un dolor, un desgarro... Hace tiempo, el mismo año, creo, que lo descubrí, y con él a la música (tenía unos 23 años: se me alteró toda la vida), soñé con consagrarle una novela, o con consagrármela a mí mismo, como una autobiografía, y había pensado dos títulos, uno tontamente pretencioso o rebuscado, *El joven y la muerte*, y el otro, más simple, más verdadero, *Pobre Franz*. Mozart es un milagro; Beethoven, un combate. ¿Y qué es Schubert? Franz, el pobre Franz... Schubert es Schubert y nada más. Su música se le parece: es él mismo hecho música. Se dirá que esto es siempre cierto. Pero no es así. La música de Bach sólo se parece a Dios, la de Beethoven a la humanidad. ¿Y quién osaría afirmar —aunque fuera el mismo Mozart— que la música de Mozart se le parece? No digo nada de esos que fingen asemejarse a su propia música, de todos esos románticos que posan, entre dos notas, para las mujeres o la eternidad... Schubert no posa. No finge ser Schubert.

Casi se disculparía, por lo menos hace todo para que eso nos resulte leve, *sin nada que pese o que pose*, como dirá Verlaine, y de hecho a él nos recuerda a veces, con mayor hondura, mayor potencia, más sombra y más luz, como un Verlaine que tuviera el genio de Rimbaud, como un Rimbaud que tuviera la sencillez de Verlaine... No me sorprende que sea inigualable en los *lieder*. ¿Qué músico más poeta? Y no obstante el más músico de todos, parece. Sabemos que no tenía piano y que componía casi siempre en la cabeza. Compartía al parecer sólo con Mozart ese privilegio de una facilidad inaudita que no necesita buscar las notas y ni siquiera ensayarlas, lo que impresiona mucho a los especialistas. Era en sí mismo un piano, hay que creerlo, debía poseer el canto absoluto como otros tienen oído absoluto; además, para hablar de uno mismo no hacen falta las cuerdas de ningún instrumento... Basta el dolor. Basta la emoción. De allí proviene quizás esa autenticidad sin par, esa buena fe que te desarma, ese candor... Schubert compone como quien se confía a su mejor amigo, cuando se lo tiene, sin frases, sin grandilocuencia. Y esto produce, entre él y nosotros, como un secreto compartido. Nada en las manos, nada en los bolsillos: la música desnuda e incluso más allá de todo impudor... Como la desnudez de un niño. Y no obstante es la nuestra. Cada uno se reconoce en ella reconociéndole, a él, y éste quizá sea el verdadero milagro de Schubert: no un exceso de luz o de pureza como en Mozart (cada uno venera en Mozart aquello mismo de que se siente incapaz, como se ama a Dios, en la distancia y el deslumbramiento), no un exceso de fuerza o de grandeza, como en Beethoven (en él admiramos sobre todo lo que nos supera o nos falta), sino tanta intimidad, fraternidad, cercanía simple y ver-

dadera... La música de Schubert se parece a Schubert y
a todos nosotros. Como la infancia. Como la soledad.
Como la muerte. Se diría una confesión, o mejor (puesto que sólo se dirige a nosotros, sin sacerdotes, sin sa-
cramentos ni remordimientos), una confidencia, una
larga confidencia para nada, para la simple emoción de
decir y de escuchar, como un lleno excesivo del alma,
un sollozo o una sonrisa, y ese desgarramiento de ser o
de amar justo antes de morir, ese torpor, esa languidez,
esa soledad infinita...

No soy ni músico ni musicólogo. Y melómano cada
vez menos. Esta pasión ya me ha pasado, como otras,
como es preciso que pasen, y creo sinceramente que
por ello amo mejor la música, por escucharla menos, por
haber dejado de creer en ella. Habría que explicar esto
con mayor extensión, pero no es mi tema en este caso, con
esta excepción: en la música, por lo menos en la suya,
Schubert nunca creyó del todo. Quizá por ello dejó tantas obras inconclusas, y tantas otras que conmueven
por su reserva, delicadeza, discreción... Se diría que
compone como disculpándose —por estar allí, por ser
él mismo—, como quien se borra, como quien se marcha... ¿Quizá porque no fue bastante reconocido en su
tiempo ni fue ejecutado por quienes no fueran sus amigos o por él mismo? ¿Le pesaba quizá la gran sombra
de Beethoven o la gran luz de Mozart? Está claro que
los admiraba como nadie. ¿Quién no? ¿Y quién mejor
que él? Pero nunca se dejó apresar por ellos. Se inspira
en ellos, los imita, se sitúa en su escuela, cómo hacer de
otro modo, pero siempre tomando distancias muy mar-
cadas, con la sensación, cómo decirlo, de su insuficien-

cia, sí, de su propia pequeñez, de su propia fragilidad, como un niño todavía... Y por cierto, si se quiere hacer comparaciones, nadie duda de que Mozart y Beethoven lo superan. Pero él lo sabe y por ello es más emocionante, está más cerca de nosotros, hasta el punto de que a veces los supera, por lo menos en humildad, por lo menos en intimidad, y por esa gracia desolada y sonriente... Schubert, mi semejante, mi hermano: se tiene la sensación de que con él compartimos todo, hasta el desgarro de no ser Mozart...

La cronología dice que pertenece a la generación siguiente a la de Beethoven. Pero muere apenas dos años después de su aplastante modelo y sin haber rivalizado nunca con lo que en la música del maestro había de más audaz, innovador, futurista... Beethoven mira hacia el porvenir, como hizo Hugo, o Liszt, como Delacroix... Schubert no. ¿Hacia el pasado? No sé. No creo. En él no hay arcaísmos ni manierismos ni conservadurismos. Por el contrario, libertad, invención, tranquila audacia. Puede ser que sencillamente le bastaba el presente, la apertura del presente, la herida continua del presente, como esas tardes infinitas de verano en las que hacen pensar a veces sus movimientos lentos, como una ofrecida eternidad, como un instante que no acaba de terminar... Siempre evoca sobre todo a Mozart (y no sólo en la *Quinta Sinfonía*), y continúa —digo esto ingenuamente, como me parece— una especie de paradójica transición entre él y Beethoven. Más romántico que Mozart, más clásico que Beethoven, y sin embargo ni el uno ni el otro, o los dos... No sé qué creen los especialistas y en realidad no me interesa. Pero para mí tiene el encanto del intervalo, de la bisagra, del pasaje... Un poco como la adolescencia de la música (¿no habéis ad-

vertido cuánto hay de niña en Schubert?), con esa belleza que se ignora o se desdeña, esa naturalidad entre
exquisita y vacilante, esa gracia frágil, esa seducción fe-
roz y algo torpe, ese no sé qué de inconcluso e incier-
to... Es muy poco habitual que, si se escucha casual-
mente un fragmento desconocido, se crea de Mozart lo
que es de Beethoven o viceversa. Pero me ha sucedido a
menudo —es el privilegio de los ignorantes— atribuir
a uno o a otro lo que pertenecía a Schubert, o a Schubert lo que era del uno o del otro... Esto me aclara lo
que me gusta en él y, dicho sea de paso, en ese famoso
estilo vienés junto al cual Beethoven siempre me parece
demasiado alemán —*casi* siempre— y que, salvo en
Schubert, me parece siempre demasiado vienés compa-
rado con Mozart...

Pero dejemos eso. La historia de la música no es lo
que importa, y menos en el caso de Schubert. Entonces
¿qué? La vida, la muerte, tú, yo, el pobre Franz... Digamos: el desgarro de vivir, la pobreza de existir, la desgracia de ser uno mismo... Me vais a hallar demasiado
sombrío, y lo soy. Pero también lo era Schubert, y más.
«Mis obras son hijas de mi conocimiento y de mi dolor», decía. Y de sí mismo, a los 27 años: «Me siento el
ser más desgraciado y más miserable del mundo [...].
Sin alegría y sin amigo, mis días se marchan [...]». Cuesta creerle. Su música rebosa tantas veces de buen humor, de empuje, de alegría... Sin duda tenía, como cualquiera, sus humores, sus momentos de sosiego o de
desesperación, sus pequeños placeres, sus verdaderas
alegrías, sus penas inmensas. No me gusta que en él se
exagere lo patético, la expresividad, el romanticismo.
Prefiero los intérpretes que lo acercan, como haría yo
mismo, a Mozart, incluso a Haydn. Posee la misma ele-

gancia, la misma bondad, la misma ligereza. Pero finalmente es también el músico del dolor, no cesa de repetirlo, y por ello nos afecta en primer lugar, o más bien por esa mezcla de dolor y de paz, «como una sonrisa entre lágrimas» se ha dicho, y es verdad. ¿Resignación? No es la palabra que usaría. Algo que oscila, más bien, entre desapego y desgarro, entre dolor y dulzura, pero que culmina casi siempre en una forma de aceptación, de sosiego, de serenidad. Schubert perdona a Dios, lo que Beethoven nunca supo hacer (ni perdonarse a sí mismo) y Mozart ni pensó. Hay tragedia en él, sin duda, pero sobrepasada, pacificada, reconciliada. Recordemos el andantino de la *Sonata en La mayor* (D. 959). Allí es donde quizá mejor lo reconozco. Se diría que ya está muerto, que ya nada le puede alcanzar, y sin embargo es lo contrario de una marcha fúnebre, es la vida que continúa a pesar de todo, la vida frágil y tierna, inconsolable, irreparable, como del otro costado de un desastre, como ya perdida, como ya salvada. Acepta su desgracia, el primer paso hacia la sabiduría, y quizás el más difícil. Acepta su debilidad, su miseria, su incapacidad de aceptar. Acepta ser sólo él mismo, ser casi nada, muy pronto ya no ser. En eso se nos parece y nos muestra el camino. La música como trabajo del duelo... Sus movimientos lentos son desgarradores, pero más por la angustia que por la desesperación y menos quizá por el dolor que por la nostalgia de una felicidad imposible o perdida. Ninguna relación con Schumann, alguna con Brahms, el del final, el del último *Quinteto* (Opus 115) o las *Sonatas para piano y clarinete*... Luz de otoño, tarde de primavera... Schubert emociona más; Brahms sosiega más. Pero incluso en Schubert la nostalgia se suaviza. Nostalgia aceptada, sobrepasada, casi serena a veces: el drama ya ocurrió (sin duda no podía componer si sufría en exceso) y uno se pasea entre las ruinas, las penas, los recuerdos... Escuchad, en el *Cuarteto número catorce* (*La muerte y la doncella*), ese abatimiento del andante, todo ese peso de pena, pero también esa luz, esa delicadeza, esa gracia conservada o recuperada... Schubert no grita: llora, y eso forma sin embargo un canto que renace, que se alza, que se extingue con dulzura... Nada podrá cambiar toda la violencia del *scherzo*, ni la carrera enloquecida del presto, esa cabalgata hacia el abismo, en el abismo, ya como heroísmo de ultratumba... O bien en el andante del decimoquinto, esa elegancia soberana, casi sobrenatural, esa altivez en la desgracia, ese orgullo, esa sonrisa de ángel herido o condenado... Es el mismo Schubert que está en las últimas obras para piano, más desnudo. Ya me referí al andantino de la *Sonata en La mayor*. Pero ¿qué decir del andante de la *Sonata en Si bemol*? Quizá Schubert nunca estuvo tan triste: hay sólo desolación, soledad, abandono... Canta siempre, sin embargo, canta maravillosamente, como en un murmullo, y la tristeza se torna más leve, casi se la olvida, vuelve a empezar como si la desgracia se volviera coraje («La desgracia es el único estimulante que nos queda», escribió Schubert en una carta), como si el cansancio se tornara reposo... Comparemos, en fin, para no salir de los movimientos lentos, sus dos tríos para piano, tan populares, tan merecidamente populares. Los andantes son de un espíritu muy diferente: de enorme levedad el primero, de tremenda gravedad el segundo. En uno canturrea la vida, sueña, se pasea... En el otro camina la muerte, que viene, y la vida sólo es su sombra, su compañera, su confidente... Pero una misma paz los aproxima, una misma dulzura, como una absolución postrera a eso que nos arrastra, que nos hace vivir, que nos destroza... No alcanza a felicidad. Pero tampoco es completa desgracia. En el Opus 99 se recuerda una frase de Montaigne, una de las más bellas: «Es tan tierno que la vida sea tan fácil de perturbar...». Schubert es el músico de esa ternura. En el Opus 100 se recuerda más bien a Stig Dagerman: «Es imposible saciar nuestra necesidad de consuelo». Schubert es el músico de ese imposible.

Se equivocaría, sin embargo, quien lo encerrara en la afectividad, la emotividad, en el *pathos*. En él no hay sensiblería alguna. Su música es interior antes que sentimental, de una interioridad abierta. Compone para sus amigos (es el espíritu de las famosas *Schubertiadas*), compone para todos nosotros, para «los que gozarán con ello», como dice, ¿y qué razón mejor? Música pura: música verdadera. Pero no es música replegada sobre sí misma, encerrada en sus investigaciones, en sus hallazgos... La técnica está al servicio de otra cosa y es otra cosa lo que se escucha. ¿Qué? La belleza, la verdad, el placer, aunque sea doloroso. Por eso Schubert nos concierne, por eso nos ayuda a vivir, a vivir a pesar de todo y mejor. No aumenta nuestro sufrimiento; más bien lo aligera. No agrega desgracia a la desgracia, angustia a la angustia: enseña a soportarlas, a superarlas, a veces a liberarse de ellas. No nos estorba con su ego; nos aligera del nuestro. Nunca es opresivo, jamás ahoga. Su música respira y esta respiración es el mundo, es la vida, es todo. *Der Wanderer*... Schubert compone como se viaja, como se pasea, como uno se detiene a veces... En sus mejores momentos —especialmente en el movimiento lento del *Quinteto en Do*— alcanza lo absoluto, diríase que allí se instala, que allí descansa, que encuentra una

especie de salvación, allí donde todo se funde, allí donde todo es uno: la eternidad en el presente, la vida en la
muerte, el amor en la soledad, la serenidad en la desesperación... ¿Quién ha ido más lejos? ¿Quién más cerca
de lo esencial? ¿Más cerca del silencio? ¿Más cerca de
la dicha? ¿Quién más sobriamente, más simplemente,
más tiernamente? Y casi siempre (en su música de cámara, en su música para piano, en sus obras vocales u
orquestales...), esa perfección del canto, esa levedad herida, esa emoción exquisita y grave... Siempre se exal-
tan sus *lieder*, y por buenas razones: es el único género
donde sin duda es el primero. Pero aún me gusta más
cuando hace cantar a las cuerdas (por ejemplo en el
Cuarteto número trece), a los vientos (en el *Octeto*, en
las sinfonías...) o, sobre todo, al piano, que hace cantar
como nadie lo ha hecho. Los *impromptus* son *lieder*
para piano solo, como los *Momentos musicales*, como
los *Klavierstücke*. Como si la melodía invadiera todo,
sublimara todo, liberara todo... La escritura, sin embargo, es sabia, innovadora. Pero eso no se advierte, eso no
se debe advertir. Hasta en sus obras más ambiciosas
mantiene algo de informalidad, de familiar (esas notas
de canción, de súbito, en *La muerte y la doncella*...), como
si cada vez improvisara, como si siempre hubiera algo
más importante que la música, como si la música sólo valiera por aquello a lo que sirve y la contiene, el mundo
inmenso y bello, la vida frágil y grave, la vida tan sencilla y tan difícil, la vida solitaria, la vida dolorosa, la vida
mortal...

Grandeza de los humildes. Qué candor en la confesión, qué pureza en el canto. Parece que nunca se to-

mara en serio y que, sin embargo, la seriedad le fuera
natural, como a algunos niños, hasta el punto de que
nunca pudiera, ni siquiera en el juego o la diversión,
deshacerse por completo de ella... ¿Quién mejor que él
ha sabido decir el fracaso de nuestra vida, su más o menos, y no obstante su insoportable belleza? ¿Quién habla mejor a nuestras decepciones, a nuestras angustias,
a nuestras fatigas? Y siempre sin la menor malicia, sin el
menor resentimiento, sin el menor rencor (Schubert,
por sí mismo, es una refutación de Nietzsche: muestra
que la verdadera grandeza no está del lado de la voluntad de poder, sino del lado de la debilidad confesada y
perdonada). La rebeldía no es su fuerte, ni tampoco el
combate. O bien ya ocurrió el combate, ya se perdió o
ganó y eso viene a ser lo mismo. Nada de odio. Nada de
cólera. Dolor y dulzura, misericordia y paz. Nuestra
vida malograda, fallada, equivocada, es lo que hallamos
en Schubert y al mismo tiempo la ternura que nos ayuda a soportarla. Sin duda Mozart es aún más precioso,
porque supo decir la perfección luminosa de todo
(«Por perfección y realidad —decía Spinoza— entien-
do la misma cosa»: eso es mozartiano), la levedad de
existir, el milagro de vivir o amar... Mozart es el músico
de la gracia: todo cuanto toca tiene éxito, incluso el fracaso, incluso la muerte. En Schubert, en cambio, se podría decir que todo fracasa, incluso el talento, incluso el
genio. Parece que entendiera por realidad la imperfección de existir. Hay elementos biográficos que pudieron
influir, que debieron influir. La pobre vida de Schubert, si se piensa en ello... Pero no es su prisionero. Qué
grandeza en su música, qué elevación, qué potencia a
veces (en la *Inconclusa*, en la *Fantasía del caminante*...),
qué nobleza siempre. Su última sinfonía, la bien nom-

brada (*La Grande*, en Sol mayor), es una de las más bellas del repertorio y, sin duda, con la *Novena* de Beethoven, la que más me emociona. Todo allí es canto y danza, gracia y coraje. Es un himno a la naturaleza, a la belleza, a la vida: una sinfonía a la vez heroica y contemplativa, trágica y feliz. Schubert nunca la escuchó (la rechazó la Sociedad de Música de Viena...), y somos millones los que no nos consolamos de esta injusticia entre tantas otras más graves. Y después esa muerte, tan obvia y atrozmente prematura (mucho más que la de Mozart, que parecía haberlo dicho todo)... Cuando se advierte la increíble fecundidad de los tres últimos años, esa acumulación inaudita de obras maestras —los dos últimos cuartetos, los *lieder* del *Viaje de invierno*, los del *Canto del cisne*, los dos tríos, los *impromptus*, la *Fantasía para violín y piano*, la *Sinfonía en Sol*, la *Fantasía en fa menor*, para piano a cuatro manos, la *Misa en Mi bemol*, los *Klavierstücke*, *El pastor en la roca* (quizá su *lied* más bello, en todo caso el que prefiero), el *Quinteto para dos violoncelos*, las tres últimas sonatas para piano—, no se puede dejar de soñar en lo que pudo haber seguido, en lo que debió seguir. Schubert murió a los 31 años. Mozart, a esa edad, aún no comenzaba *La Flauta Mágica* ni sus tres últimas sinfonías, ni su gran *Trío para cuerdas*, ni el *Concierto para clarinete*, ni los últimos quintetos ni el vigésimo séptimo *Concierto para piano*. Si Beethoven hubiera muerto a los 31 años, sólo habría podido componer una de sus nueve sinfonías que conocemos. ¿Qué habría sido de Schubert, cuál habría sido su obra, si hubiera vivido los 57 años de Beethoven o incluso los 35 de Mozart? Jamás lo sabremos. Lo que no significa que la pregunta no tenga alcance. Nos acompaña, a los que amamos a Schubert, a los que le amamos como a ningún otro músico, y es parte de nuestra vida, como una pena, como una herida íntima, como una pérdida que nos dejara sin consuelo... ¿Cómo hacer el duelo de lo que no se conoció, de lo que jamás se conocerá? Las obras que nos dejó están como nimbadas de nostalgia, de frustración, de incompletud. Hasta las más arriesgadas, las más cantantes, las más seductoras (el *Octeto*, el *Quinteto para piano*, la maravillosa *Sonata para arpeggione*), nos hieren al mismo tiempo que nos colman. Está ahí la sombra de la muerte, pero también otra cosa: la injusticia del destino, la escasez del amor, lo poco que somos, lo poco que podemos, que vivimos, nuestra miseria, nuestra fragilidad... Es lo que vivió Schubert, en el dolor, en la angustia, como todos nosotros, y que él canta, apenas puede, como sólo él sabe hacerlo. Esclarece con ello nuestros fracasos; trivializa nuestros sufrimientos; nos reconforta a su modo. Dureza de la vida: dulzura de Schubert. Como una canción triste que sin embargo consuela, que sosiega. Hay algo de muchacha en Schubert y también algo de maternal (¿la huella quizá de una infancia feliz?) y de infinitamente dulce. Sí: la ternura. Diríase qué él nos escucha, que nosotros cantamos... Entre desolación y consuelo. Entre desamparo y caricia. Se querría cerrar los ojos y llorar suavemente. Schubert nos lo permite, sin vergüenza ni piedad, y es un regalo precioso. Paz en la tierra a los que sufren: paz para todos.

No hay que escoger, por cierto, entre Mozart y Schubert, ni hay que olvidar tampoco la lección heroica de Beethoven. Pero no bastan ni la gracia ni el coraje: no somos ni héroes ni genios. Somos hombres o mu-

jeres ordinarios, es decir, seamos francos, niños pequeños. Debimos crecer, y no se puede. Amar, y no se sabe.
¿Ser amados? Si en realidad nos amaran, si pudiéramos
ser amados, ¿acaso Schubert nos haría llorar tanto?

CAPÍTULO
11

Schumann

Nunca me gustó Schumann: nunca pude, nunca supe o quizá nunca quise. Y no por no haberlo intentado. Por ningún otro músico he hecho tantos esfuerzos y por ninguno con tan pocos resultados. Continué embargado, en lo que a Schumann concierne, por esa especie de tedio aplastante de mis comienzos, cuando escuchaba una y otra vez —porque eran los grandes discos del momento— la *Primera Sonata*, por Pollini, o las *Kreisleriana*, por Horowitz. Sucede que no me gustan mucho esos intérpretes y quizás eso pesó en mí. Pero después Nat no me cambió nada y ni siquiera lo consiguieron, salvo de tarde en tarde, como esos claros en las nubes, Clara Haskil o Dinu Lipatti, a quienes venero. Las *Kreisleriana*, que tanto gustaban al propio Schumann, continuaron siendo para mí, después de ese difícil comienzo, el símbolo de todo lo que me pesa en su música, como el llamado de un encuentro fallido o quizás imposible. Las escucho ahora mismo. ¿Poesía? Sí, sin duda. ¿Emoción? No puedo negarlo. Pero una y otra como molestas entre ambas, petrificadas en no sé qué reflexividad sabihonda y morbosa. Música a un tiempo ruidosa y átona, brillante y opaca. Por lo menos así me lo parece y, por cierto, eso no demuestra nada. Pero ¿cómo escribir otra cosa que lo que me parece, verdadero o falso, y tal como me parece? Se suele decir de un escritor talentoso y vacuo: «Sólo es literatura». Muy a menudo he pensado de Schumann que «sólo es música...». No me cabe duda de que hoy esto parezca a muchos un gran elogio, ¿pero qué importa? Esta música sigue siendo literatura, siempre es literatura. Sentido agregado al mundo; sentido en exceso, como un ahogo del alma. Eso no fluye; se estanca, sube, desborda, invade todo... Qué sombrío se torna el mundo. Qué pesada la vida. Exceso de sentido, insuficiente verdad. Demasiado sueño; luz insuficiente. Si esto es romanticismo (y lo es con frecuencia), ¿para qué? Por lo demás, poesía y emoción aparecen en las *Kleisleriana* muy poco a poco y muy tarde. Durante mucho tiempo sólo advierto sonidos hábiles y huecos, que me cansan. Como un imbécil con respecto a Mozart, y sin duda tan tontamente, diría «demasiadas notas», sobre todo porque eran siempre las mismas, me parecía, como una incansable repetición de sí mismo, hasta el disgusto, como una palabrería ininterrumpida de la cual sólo se escucharan esbozos, lo bastante para reconocer que siempre se trata de la misma voz, siempre el mismo discurso, pero insignificante, confuso, casi incomprensible... «Esto no canta —me decía—, esto habla...» Pero ¿para decir qué? ¿Y a quién? Demasiadas notas, demasiado rápido, demasiado fuerte: falta aire, espacio, silencio. Sí, este deseo de bajar el volumen, muy frecuente, o de detener el disco. Eso: escuchando a Schumann, casi siem-

pre me parece que más valdría el silencio. Mi disculpa
es que siempre supe que me equivocaba, siempre acep-
té por anticipado que mi incomprensión es mi límite,
no el suyo, siempre reconocí su genio y mi incompeten-
cia. Que me guste Schubert nada agrega a Schubert. ¿Y
si no me gusta Schumann, acaso podría esto privarle de
alguna cosa?

Hace semanas que me enfado contra esta tontería:
haber aceptado escribir un artículo acerca de un músico (me lo pidieron por esto, expresamente) que no me
gusta. El juego me sedujo en un principio, tal como
me pareció digno de alabanza, en un programa consagrado a él, que dejaran hablar, entre tanto probable tu-
riferario, a un alma reticente o limitada... Mientras más
días pasaban, sin embargo, más obvia me parecía la in-
congruencia de la iniciativa y más escuchaba a Schumann, días completos, semanas completas, sin el menor
resultado aparte de esa desolación triste que reconozco
demasiado, esa angustia que crece, ese tedio, y a pesar
de todo también con una especie de intimidad crecien-
te, hay que decirlo, como la de compañeros obligados
en viaje o de vacaciones, como una familiaridad forza-
da, a un tiempo suave y cargante, con sus buenos momentos, sus casi placeres, sus emociones compartidas
y con todo ello, sin embargo (¿o por esa misma razón?)
con menos y menos ganas de decir algo al respecto.
Pero hay que asumir los compromisos tanto como los
rechazos. Que no me guste Schumann nada le quita,
pero puede esclarecer a los que lo aman, quién sabe, o
a los que lo amarán. Los *happy few* necesitan de esta *un-
happy crowd*: si a todo el mundo le gustara Schumann,
ya no habría Schumann... Y mi falta de competencia forma parte del juego: los musicólogos son legión, y tanto

mejor que así sea; pero la audición ingenua no tiene menos derechos, méritos y virtudes. ¿Qué vale la sutileza de una escritura si no toca los oídos ni el corazón? En fin, la idea de este artículo no fue mía; que los schumanianos me perdonen entonces la impiedad o la incomprensión y sobre todo este impudor para hablar de todo esto.

Se sabe que Schumann adoraba la música de Schubert, que contribuyó a darla a conocer (sobre todo como crítico musical). Esto bastaría para que me resultara simpático. Por lo demás, de niño ambos nombres me parecían intercambiables, sin duda por esa sílaba común y esa germanidad común, y su romanticismo también me lo parecía. Sólo aprendí a distinguirlos mucho más tarde, cuando entré en Schubert: Schumann era otro, y en él, decididamente, no iba a entrar. Y no porque no tuvieran algunas semejanzas, que alcanzaba a percibir. Pero eso mismo, a mis oídos, perjudicaba a Schumann: me parecía un Schubert sin el canto, un Schubert sin Schubert y entonces una música sin alma, sin luz, sin gracia, con no sé qué de impedido, de trabado, de abortado, como una confidencia que no llegara a tal. Schumann hablaba de las «divinas longitudes» de Schubert; lo contrario es lo que me molesta en él: todo es demasiado breve, demasiado corto, la longitud de las obras sólo parece resultar —y sin nada de divino— de una acumulación de miniaturas. Y esa tristeza aplastante... Schubert hace llorar muy a menudo, pero esas lágrimas contribuyen a aliviarnos: opera el duelo y vuelve la dulzura... Nada así hay en Schumann, me parece: ni lágrimas ni dulzura ni duelo. ¿Qué? No sé. Quizás el agotamiento de existir, el disgusto de sí mismo o de todo, el horror de durar y de morir. Michel Schneider, en el her-

moso libro que le dedica, observa que «la música de
Schumann está, por usar la expresión de Freud, más
allá del principio de placer: pertenece a otro orden, al
de la repetición, al de la pulsión de muerte, al del desamparo». Quizá. El hecho es que casi nunca me ha
procurado la menor satisfacción (salvo, a veces, en las
Escenas infantiles o en el *Concierto para piano* o en algún pasaje de sus *lieder*...), nunca la menor felicidad, la
menor paz, la menor alegría, y siempre ha suscitado en
mí, por el contrario, y más bien en general que frag-
mentariamente, una especie de abatimiento, como un
desperdicio de ser y de energía, que Spinoza habría llamado tristeza («el paso a una perfección menor», decía), que yo llamaría disgusto o desagrado y que no es
otra cosa, para hablar con propiedad, que melancolía.
Es decir, todavía en términos freudianos, el duelo imposible. O, con más sencillez: la vida inconsolable. Sí,
me parece que en Schumann hay dolor en estado puro,
horror sin perdón, angustia sin salida. ¿Y esto cómo podría cantarse? Es más bien como una ausencia, como una
vida insoportable. Nada de canto, nada de gritos, nada
de lágrimas: Schumann compone como si de nada se
tratara (y sólo es nada esa misma nada), con la voz neu-
tra, como velada por tinieblas. ¿Una herida? Sin duda,
pero sin cicatriz y quizá sin llaga. ¿Un sufrimiento? Sin
duda, pero sin objeto y por ello sin fin. Una máscara,
pero sin rostro. Un espejo, pero vacío. Un derrumbe
lento del alma. Un tedio sofocante, aplastante, opri-
mente. Y allí encima la música, la música a pesar de
todo, a un tiempo en sordina y ensordecedora, con no
sé qué de distante o de brumoso, como saturada de notas y de nada, demasiado llena de vacío, demasiado llena de sí, y tratando de enmascarar —más que de decir

o superar— el abismo atroz y triste... Puede que la bio-
grafía haga de pantalla entre su música y nosotros, y
que la imagen de la enfermedad esté nombrando de
modo demasiado fácil mis reticencias. El hecho es que
me gustan sobre todo los genios más sanos, los más claros, los más luminosos: Bach, Mozart, Beethoven. Ya la
vida es de por sí bastante difícil. ¿Para qué necesitamos,
además, de la locura? Basta la verdad. El sufrimiento
basta. E incluso si de comparar genios se tratara (pues
los tres citados antes superan esta categoría), la salud de
Brahms me parece mucho más emocionante que la locura de Schumann. Schubert ocupa aquí también una
especie de situación intermedia: menos indestructible
que un Bach, por cierto, menos etéreo que un Mozart,
menos heroico que un Beethoven, menos robusto que
un Brahms, no deja sin embargo de resistir a la desgracia: no le faltó tanto la salud como la suerte, el éxito, la
felicidad, y hace lo que puede por prescindir de todo
ello. La música le hace bien, como a nosotros, lo apaci-
gua, lo libera. Se tiene la impresión de que a Schumann
lo encierra aún más, que le hace mal, que en él es pató-
gena, ansiógena, depresiógena. Me viene a la memoria
la fórmula, injusta y profunda, de Goethe: «Llamo clásico a lo sano, romántico a lo enfermo». Schumann es,
en este sentido, el más romántico de los grandes músicos. Es el romanticismo hecho música, como se ha dicho, y a tal punto que en él casi no se puede discernir lo
que corresponde a la estética, a su época, a sus gustos,
de lo que proviene de su temperamento patológico y
morboso. No estoy diciendo que deba su genio a la locura ni que ambas cosas estén necesariamente vincula-
das, como si ésta fuera el precio a pagar por aquél. Éste
es un tema demasiado romántico para que no resulte

sospechoso, y que la historia, por lo demás, ha refutado. La locura de Schumann era una enfermedad y punto; y más del cerebro, parece, que del alma. Las enfermedades jamás dotaron de genio a nadie. ¿Por qué el genio debería enfermar? Por otra parte, hay multitud de ejemplos contrarios y son los más grandes. Pero cuando la enfermedad ya está allí, en cambio, el genio debe encararla, adaptarse a ella, someterse, en fin, en alguna medida. El romanticismo quizá salvó a Schumann, por lo menos por un tiempo pudo transformar sus fantasmas en espejismos, sus abismos en música, sus demonios en personajes. ¿Acaso un carnaval no es una locura para reír? Cada uno con sus remedios, cada uno con sus exorcismos. La música de Schumann puede resultar beneficiosa para algunos, les ayudará a encontrarse. Yo sólo podría perderme en ella, me parece, y quizás eso me impide entrar allí.

(Una anécdota. Hace algunos años fui a casa de uno de mis amigos, que me había invitado a cenar. «Antes de comer —me dijo—, debes escuchar algo de música. Que me cuelguen si adivinas de quién es...» Puso el disco: era una pieza para piano, bastante agradable, bastante hábil, un poco tediosa... Parecía Schumann. Pero era un fragmento que no conocía y Schumann no habría implicado tanto misterio, tanta sorpresa anunciada. Además, había que tener en cuenta que este amigo era profesor de filosofía... Me lanzo al agua; digo, un poco al azar: «Esto podría ser de Nietzsche...». Así era, en efecto, y la sorpresa cambió de bando. Sólo fue un juego, que nada prueba acerca de mis conocimientos. Pero esta especie de semejanza entre esas dos músicas me aclara mi inca-

pacidad de amar a ninguno de esos dos genios que mu-
rieron locos, y también me confirma que la apología
nietzscheana de la «gran salud» oculta mucho sufrimiento, angustia, patología... Y Schumann me molesta
menos, pues fingió menos.)

La melancolía, en Schumann, no es ese estado lige-
ro, dulce, casi agradable que a veces es en Mozart y a
menudo en Schubert. La palabra, en su caso, adquiere
su sentido psiquiátrico: el de una psicosis, de un encie-
rro, de un hundimiento suicida. Nada hay que repro-
charle, por supuesto. Compadecerlo, más bien, y admi-
rarlo por tanto coraje, por tanta obstinación, por tanta
música arrancada a la noche... ¿Amarlo? Esto no se or-
dena, y tanto peor para mí si no he conseguido amarlo.
Hay algunas maravillas no obstante, muchas piezas
que, para el ignorante que soy, podrían ser de Schubert
(la *Rêverie*), de Beethoven (¿el *Concierto para piano*?),
de Brahms (el *Concierto para violoncelo*, el *Quinteto
para piano y cuerdas*), incluso de Mahler (por ejemplo,
pero quizá se deba a Kathleen Ferrier, en *Amor y vida
de una mujer*), y todo eso está impregnado sin embargo
de una unidad tan misteriosa y schumaniana... Sí. Pero
¿cómo decirlo? Eso no me da ni fuerza ni coraje. Se
dirá que la música no es para eso y, en el fondo, puede
que así sea. Pero por lo menos debería darnos placer, y
esto me lo ha procurado Schumann muy pocas veces,
dije, y siempre mezclado con angustia y tedio. Observo,
por otra parte, que mis amigos que lo aman —hay algunos— son pianistas o por lo menos aficionados al piano, y me confiesan que antes que escucharla prefieren
ejecutar su música. Lo mismo decía Roland Barthes:

«Schumann deja escuchar plenamente su música sólo a los que la ejecutan, aunque lo hagan mal». ¿Músico para músicos? Quizá lo sea y esto aclara mi rechazo. Habría que amar la música en sí misma, por sí misma, y conocerla desde su interior mismo. No es mi caso, y nada me falta: basta el mundo, basta la vida. Dirán que si verdaderamente bastaran, no habría ningún Schumann... Pero ¿por qué habría que compartir su fracaso o su locura? Ya tengo bastante con mi propia melancolía como para complicarme con la suya. El mundo es mejor maestro, y el único; el silencio es mejor remedio, y más verdadero.

Ya he dicho bastante, y quizá demasiado. No quiero estropear el placer de nadie. Los que aman a Schumann tienen razón, por supuesto, porque en estos dominios no hay otra razón que el amor. Y Schumann, además, también tiene su verdad, es más que un esteta. Ya no recuerdo quién decía: «No temo al tedio; el tedio es la verdad en estado puro». Quizá sea eso lo que escucho en Schumann, lo que en él me produce rechazo: el tedio y el horror de la verdad. Y no porque ese sentimiento me resulte extraño: todo lo contrario. Pero la verdad es lo que es y no lo olvido: no necesito que allí me lleven ni acerquen, sino que me ayuden a soportarla, a aceptarla, a amarla. Y otros músicos, no Schumann, me han hecho comprender que eso es posible. La alegría de lo verdadero, la dulzura de lo verdadero, el coraje de lo verdadero... Mozart, Schubert, Beethoven.

Perdonadme por amar más a quienes me esclarecen que a quienes se me asemejan.

CAPÍTULO
12

Jesús

Los Evangelios me aburren, también la Biblia, el Corán y todos los textos religiosos. Están escritos por devotos para devotos. Escritos por discípulos y para hacer discípulos. Revelación, dicen; pero el verdadero nombre es proselitismo, credulidad, propaganda. ¿Hay género literario más sospechoso? ¿Lectura más indigesta? Algunas páginas son la excepción, en el Eclesiastés, a veces en los Evangelios. Pero hay tanta majadería y se produce tanto tedio al cabo de veinte líneas. Toda superstición es tediosa. Dios nos libre de los profetas y de los apóstoles.

Cómo gocé hacia los 18 años, al salirme de la Iglesia católica, qué alegría, qué júbilo cuando descubrí a los griegos. La libertad de un Epicuro, de un Aristóteles, su nobleza, su coraje, su lucidez... Me parecía una juventud del espíritu, milagrosamente conservada, reencontrada, recomenzada, siempre disponible y liberadora. Fue mi Renacimiento después de la prolongada Edad Media de la infancia. Luz griega: luz de la razón.

Sobre todo me gustaban los materialistas. No fingían contar las confidencias del buen Dios. Les bastaba la humanidad. Les bastaba el mundo. Se contentaban modesta, orgullosamente, con todo; en todo caso se habrían avergonzado de buscar otra cosa. Al leerlos, leyendo al mismo tiempo a Spinoza, a Marx, a Freud, durante algunos años me volví vigorosamente anticristiano. Era la cólera de los apóstatas. Conviene que pase la juventud.

La lectura, sobre todo de dos libros, muy distintos uno del otro pero ambos excepcionales, me condujo a mayor mesura, a mayor comprensión. Uno es puramente histórico y universitario: *Le Christ et la salut des ignorants chez Spinoza*, de Alexandre Matheron. El otro es más libre, más personal, conmovedor por su belleza: *Les Dieux*, de Alain (especialmente su cuarta parte, «Christophore»). ¿Qué descubrí? Que esa filosofía que tanto amaba, esta sabiduría del amor (Spinoza) o de la amistad (Epicuro), no estaba tan lejos, por su contenido humano —y en el caso de Spinoza era extremadamente deudora— del espíritu de los Evangelios, del «espíritu de Cristo», como decía Spinoza, por lo menos si se la sabía arrancar a las Iglesias y se la limpiaba de supersticiones. O, por decirlo de otro modo: que todo era verdadero, en esta religión como en otras, menos la religión misma. Tomas el cristianismo, le quitas el buen Dios, la resurrección, la inmaculada concepción, etc., y consigues, creo yo, un resumen bastante exacto —lo muestra, en el fondo, Spinoza en el *Tratado teológico-político*— de lo que cualquiera debe creer o comprender (y comprender vale más, sin duda) si quiere emprender, aquí y ahora, la tarea de su salvación.

Esto me reconcilió con la fe de mi infancia, o, mejor, con la moral que con ella es solidaria, me reconcilió entonces conmigo mismo, con el niño que fui, que todavía era; y esto, sobre todo, me volvió a acercar a Cristo, por lo menos a una determinada imagen que de él me hice: la de un hombre libre y dulce, que prefería el amor al poder, y que por ello murió de manera atroz e ignominiosa en una cruz. Es lo contrario del Dios todopoderoso, del Dios vengador; ya no es un Dios y es el único que me conmueve.

Acerca del Jesús histórico, no sé más que cualquiera, es decir, casi nada. Si uno confía, a falta de algo mejor, en los Evangelios, primero se tiene la impresión de un simpático exaltado, de una especie de predicador itinerante, evidentemente sincero, evidentemente desinteresado, que anunciaba a todos la inminencia del Juicio Final o del fin de los tiempos. Queda bastante claro que se equivocó y esto no tiene gran importancia. Quiero creer que comprendió, sobre la marcha, que terminó por comprender que eso no era lo esencial: que el Reino de Dios no era lo que debía advenir, sino lo ya comenzado. No sólo «muy cerca», como dice el Evangelio de Marcos, sino aquí mismo. No por venir, sino presente, pero por vivir aquí y ahora, en el presente. No prometido, sino dado. No objeto de esperanza, sino de amor, no de fe sino de conocimiento. «Quiero creer»: vale decir que nada sé. Pero éste es el Cristo que amo, el que me he forjado poco a poco, el que me acompaña y el único que me esclarece. Es el Cristo de Spinoza, lo he dicho, o un Cristo spinozista, lo que es lo mismo. Es el Cristo de Alain: el niño desnudo, entre el buey y el asno, el espíritu crucificado entre dos ladrones. Es entonces el Cristo de todo el mundo —la cuna, el calvario—, el de los mitos y las leyendas, el único que conocemos, el único que importa en el fondo, pero liberado de la religión, que no promete otra cosa que todo, él también —como los griegos, como los verdaderos maestros—, y no otro Reino, sólo éste donde ya estamos. Este Cristo, incluso heterodoxo (pero ¿qué vale la *doxa* en estos dominios?), incluso inventado (¿y cómo, de otro modo?) no carece, sin embargo, de relación con los textos del Nuevo Testamento, por lo menos con algunos de ellos. Por ejemplo, en el Evangelio según san Lucas: «Los fariseos le preguntaron cuándo vendría el Reino de Dios, y Él les respondió: "El Reino de Dios no viene como un hecho observable. No se dirá está aquí o está allá. Porque el Reino de Dios está en vosotros"» (*entos humon*), o «entre vosotros» o «en medio de vosotros» (todas estas traducciones, aunque menos evidentes, son aceptables), o quizá mejor aún, como decía el Evangelio de Tomás, el Reino de Dios está al mismo tiempo «en vosotros y fuera de vosotros». Guillemin, en *L'affaire Jésus*, llamaba a esto, con exactitud, «la gran revelación-divulgación que aportó el Nazareno», y de la cual diría tranquilamente que pone punto final, para mí, a toda religión revelada e incluso a toda religión. Si el Reino está en nosotros y si nosotros estamos en el Reino, ¿para qué la fe y la esperanza? Ya nada hay que creer; todo es para ser conocido. Ya nada hay que esperar; todo es para ser amado. Esto concuerda con la lección de los místicos de todos los países. Nâgârjuna, por ejemplo: «Mientras establezcas una diferencia entre nirvâna y samsâra estás en el samsâra». Mi Cristo interior diría gustosamente lo mismo: «Mientras establezcas una diferencia entre el Reino y este mundo de dolor estás en este mundo de dolor». Es la Buena Nueva de los Evangelios, tal como los leo: ya estamos salvados. Pero una Nueva singularmente dura: no deja nada por esperar. Que la soporte el que pueda, y apenas podemos. La esperanza es más fácil; la religión es más fácil. Pero «hay que atenerse a lo difícil», como dijo Rilke: esto señala el camino, donde ya estamos, donde avanzamos como podemos, en el cansancio, en el sufrimiento, en la angustia, a veces en la alegría. Es lo que llamé la sabiduría de la desesperanza, que Cristo llamaría la sabiduría del amor, y por supuesto que tiene razón. Nada que creer, nada que esperar. No hay más salvación que vivir ni más salvación que amar: el reino está aquí abajo; la eternidad, ahora.

No quiere decir esto que el mundo sea Dios. No hay panteísmo en Jesús, no hay adoración de la naturaleza ni idolatría de lo real. El mundo está sometido a la fuerza, al poder, a la violencia; Dios no. La naturaleza es salvaje, injusta, indiferente; Dios no. El monoteísmo pasó por todo ello y nos purificó del paganismo. ¿Qué judío podría adorar lo real, el mundo, la fuerza? ¿Y qué judío más judío que Jesús? El mundo es el Reino, si se quiere, o más bien está en el Reino, pero el Reino, recuerda el Evangelio de Juan, «no es de este mundo». Y aquí vuelve la religión, o renace. ¿Sólo la religión? No estoy seguro. Se puede llamar «Dios» a esto, en el mundo, que no está allí, que se le escapa, que lo salva, su excepción y su norma, su herida y su secreto, y entonces es verdad que «Dios es amor», como dice Juan (*o Theos agapé estin*), porque el amor falta, casi siempre, porque el amor sólo brilla por su ausencia, porque sólo reina, aquí abajo, en nosotros, por la falta que suscita o que lo sueña. El amor es Dios, si se quiere, porque todos los demás son dioses falsos. ¿El oro? Paganismo. ¿El poder? Paganismo. ¿El Estado? Paganismo. ¿La Ley? Paganismo. ¿La naturaleza? Paganismo. ¿La verdad? Paganismo. Sólo hay un solo Dios, y es un Dios de amor, y es el amor como Dios.

Pero ¿hay que creer en ello como en algo existente, todopoderoso, trascendente? Jesús, sin duda, habría respondido que sí, por lo menos si uno confía en los Evangelios. Y en este punto, y a pesar de su carácter tardío, confío en ellos: era un judío piadoso, ¿por qué iba a rechazar la fe de sus antepasados? Observo, sin embargo, que aunque creyera en Dios, sólo se declaró su hijo en pasajes equívocos («Padre mío», dice, pero cada uno de nosotros también puede decirlo...), y no se presentó como siendo Dios mismo o su encarnación aquí abajo. Y con qué insistencia, en cambio, se declara «hijo del hombre»... Que de los Evangelios se haya extraído una teología, o varias, dice mucho acerca de la creatividad humana. Y que tantos hombres buenos hayan creído con tanta fuerza en la Trinidad, la Encarnación, en la concepción virginal y divina de Jesús, dice mucho acerca del cegamiento habitual, acerca de nuestra necesidad de creer y de esperar. Lo que haría sonreír, si las consecuencias no hubieran sido atroces. Inquisición, guerras de religión, siglos de odio y fanatismo. Y decir que se ha combatido, excomulgado, masacrado, para saber quién era verdaderamente de Dios o de esas tres «Personas», como decían, como aún dicen (el Padre, el Hijo, el Espíritu Santo), que constituirían la unicidad consustancial de su esencia... La verdad es que no sabían nada, sin duda, que nadie sabe nada y que eso no tiene importancia alguna. El verdadero mensaje de

Jesús está en otra parte. Aparte de la inmanencia (mejor
que la inminencia...) del Reino, es sin duda un mensaje
de caridad, de justicia y de misericordia. Estos tres men-
sajes se unen o, mejor, sólo son uno: no hay más reino
que el amor, que la justicia, que el perdón, y por esto
el Reino no está en este mundo ni en otro, y por esto el
Reino está en el corazón del hombre, *entos humon*, o
nada es.

Habría que repetir continuamente esa gran formu-
lación de Alfred Loisy: «Jesús anunció el reino y llegó
la Iglesia». Mi camino fue al revés: dejar la Iglesia, y toda
Iglesia, para tratar de habitar un poco (muy poco, pero
a veces un poco de todos modos) en este reino donde
estamos, o que está en nosotros, y que nos falta, que absurdamente nos falta, aunque sólo deseemos lo que es,
aunque sólo amemos todo. Las Bienaventuranzas, la
parábola del hijo pródigo, la del buen samaritano, el re-
lato de la mujer adúltera dicen lo esencial: Jesús, «maestro dulce y humilde de corazón» es ese israelita que
reemplazó, como se ha dicho, el amor a la Ley por la ley
del amor, que hizo del amor el único absoluto, el único
mandamiento, o por lo menos el que justifica a todos
los demás. ¿Qué importan el sábado, los ritos o las prohi-
biciones alimentarias? «Ya no se trata de lo puro o de
lo impuro —observa Gérard Bessière—, se trata del
amor y del perdón.» Las prostitutas preceden a los fariseos en el Reino, y quien dice «amo a Dios» y no ama a
su hermano o a su enemigo es un mentiroso. Éste es,
para mí, el verdadero mensaje de Cristo, por lo menos
el que retengo: el amor vale más que la religión, el amor
es la única religión que vale.

¿Qué importan, incluso, la recompensa o el castigo? Es verosímil que Jesús, como muchos judíos de su tiempo, creyera en una vida después de la muerte. Pero también es verosímil que advirtiera cada vez más cuanto esa creencia tiene de inesencial, de anecdótico, casi de irrisorio. En primer lugar, porque sólo es una creencia, que no se puede probar y que nada prueba si no es la mezcla de ignorancia y de angustia que la suscita. Y, enseguida, porque esta creencia deja de lado lo esencial. Resurrección o no resurrección, ¿en qué altera eso el valor del amor, de la justicia, del perdón? ¿Y qué cambia, incluso, en el sufrimiento, en la miseria, en el horror? ¿La fe? ¿La esperanza? Cristo no tenía ni la una ni la otra, explica Tomás de Aquino, porque sólo se puede creer y esperar si no se sabe. El argumento vale en la *Suma teológica* sólo porque se supone la divinidad de Jesús y por lo tanto su omnisciencia. Esta afirmación del Doctor angélico («Cristo no tiene ni fe ni esperanza») concede sin embargo, incluso para los creyentes, un sentido singular —singularmente fuerte y exigente— a lo que un famoso libro llama (es su título) «la imitación de Cristo». ¿Cómo imitar en él la esperanza y la fe, si no tenía ni una ni otra? ¿Cómo imitar en él otra cosa que el conocimiento y el amor? Con lo cual volvemos a Spinoza, pero no quiero detenerme en esto. Digamos, mejor, que para el ateo que soy, la observación de Tomás de Aquino («Cristo no tuvo ni fe ni esperanza, por la imperfección que hay en ellas; pero en lugar de la fe tuvo visión al descubierto, y en lugar de la esperanza, la comprensión plena»), aunque provenga de otra interpretación, dice sin duda lo esencial: lo que Cristo sabía desde siempre si era Dios, lo que quizá comprendió poco a poco si sólo era un hombre, como

yo creo, no es sencillamente que el amor salva —y no la
fe y no la esperanza (o la fe sólo en el amor, la esperanza sólo en el amor)—, sino que el amor es Dios y que
esto es verdad desde ahora, desde aquí abajo, *entos humon*, que la única salvación esperable es el amor, que la
única religión es amar, y tanto peor si no somos capaces, si el amor nos falta siempre, si el odio y la violencia
no cesan de imponerse y de arrastrarnos... Se me ocurre
pensar que Cristo sólo lo comprendió en la cruz —«*Dios
mío, Dios mío, ¿por qué me has abandonado?*»—, donde verdaderamente es nuestro hermano y el más humano de todos los dioses: porque conoció por fin nuestra
soledad, nuestro desamparo, nuestra desesperanza,
porque está del lado de los débiles y de las víctimas, definitivamente, porque es el único dios trágico, el que sufre, el que muere, el que no es un dios, porque descubre
que el amor nunca salvó a nadie, y que, no obstante, es
la única salvación que humanamente se puede desear.

   Incipit tragaedia: Dios ha muerto, la humanidad comienza, y siempre —en una cruz— recomienza.

Fuentes

Los textos que componen este libro ya han sido publicados, en una forma a menudo muy diferente, en revistas o recopilaciones. Son éstos:

«¡Buenos días, angustia!» sirvió de prefacio al n° 36 de la revista *Confrontations psychiatriques* («L'anxieté»), París, 1995.

«El dinero» apareció, con el título «La passion de consommer», en la revista *Autrement*, serie Mutations, n° 132 («L'argent»), París, 1992.

«La correspondencia» forma parte del catálogo de la exposición *Plis d'excellence*, Museo de La Poste, París, 1994.

«El gusto de vivir» se publicó en la revista *Incroyance et foi*, n° 54 («¿Pourquoi ne pas vivre?»), París, 1990.

«¿Morir curado?» fue primero la conclusión del catálogo de la exposición *L'homme et la santé*, Ciudad de las Ciencias y de la Industria de la Villette, París, Seuil, 1992.

«El suicidio» se publicó en el n° 14-15 de la revista *Ago-ra* («Autour du suicide»), París, 1990.

«El duelo» apareció con el título «Vivre, c'est perdre» en la revista *Autrement*, serie Mutations, n° 128 («Deuils»), París, 1992.

«El nihilismo y su contrario» formaba parte de un dossier que *Le Magazine Littéraire* consagró al nihilismo en su n° 279, París, 1990.

Una primera versión, muy breve, del texto consagrado a Mozart se publicó, con el título «Mozart est une éthique», en el n° 1.353 («Spécial Mozart») del *Nouvel Observateur*, París, 1990.

El texto sobre Schubert fue escrito, con el título «Schubert ou la musique comme travail du deuil», para la revista *Reflets du Périgord Noir* (revista del Festival de Música del Périgord Noir), n° 3, Montignac, 1991.

El texto sobre Schumann me fue solicitado por el *Programme du Cycle Robert Schumann* (donde se publicó con el título de «Schumann ou la mélancolie»), Le Châtelet, Teatro Musical de París, 1992.

Finalmente, el texto sobre Jesús me fue solicitado (para un dossier consagrado a «Jésus sans frontières») por la revista *L'Actualité Religieuse dans le Monde*, número especial n° 4, París, 1994.